U0020700

藍學堂

學習・奇趣・輕鬆讀

一本書 讀懂經濟學

艾德・康威————著 林雲————譯

50個經濟學關鍵概念，教你想通商業的原理、金錢的道理

50 ECONOMICS

IDEAS

YOU REALLY NEED TO KNOW

ED CONWAY

目次

| 第6部 | **各種主題的經濟學** |

| 推薦序 |

你還在想，真的需要知道經濟學嗎？

劉瑞華

　　《一本書讀懂經濟學》的英文原著出版於2009年，當時全世界遭遇嚴重的金融危機。很多人應該還記得，那時政府為了因應需求衰退，發放「消費券」。十年之後，全世界因為新冠病毒的疫情又一次陷入經濟危機，我們的政府雖然換了政黨執政，也發了同樣的東西，只是換了名稱。為什麼不同政黨面對重要經濟問題，會採取類似的作法？那是因為這些政策的經濟學理論基礎是相同的，藉由鼓勵消費來帶動生產，創造所得。

　　誠如作者在導言裡所說，經濟學概念來自於日常生活行為的理解，然而往往在出現經濟問題的時候，才會受到重視。這半年來美國的物價大漲，所以聯邦準備理事會連續調升利率，連台灣的股市投資人都緊張兮兮的等待美國利率決策會議宣布結果。為什麼利率與通貨膨脹有關？為什麼美國的利率升降會影響台灣的股市？我在這裡沒辦法說清楚，答案在經濟學裡。

　　你真的需要知道經濟學嗎？也許最好不要，一方面希望沒有經濟問題，另一方面很多人覺得經濟學很難。然而，現實中就是會發生經濟問題，經濟學也確實並不容易，不過，總是會有辦法。這本書提供了50個經濟學的關鍵概念，用單元化的方式介紹給讀者，你可以從頭閱讀，也可以挑主題了

解。雖然有許多概念的標題看起來仍是教科書的專有名詞，但內容其實易懂好讀。像我這種常年在大學教經濟學的人，也不得不佩服作者的文字表達能力。如果你想知道經濟學，有這樣的書籍出版，現在你就可以知道經濟學了。

（本文作者為清華大學經濟學系教授）

| 推薦序 |

學習經濟學的思維方式！

楊少強

「經濟學是如此簡單，用兩張紙就可以把所有原理說完，但能真正了解的人卻又如此之少！」說此話者，是1976年諾貝爾經濟學獎得主傅利曼（Milton Friedman）。它反映的是：經濟學要「飛入尋常百姓家」是如何地困難。

這本《一本書讀懂經濟學》就是一種努力。作者艾德‧康威出身資深財經編輯，為了經濟學零基礎讀者撰寫了此書，被翻譯成德文、西班牙文、葡萄牙文、土耳其文等13國語言。本書在市場上的成功自不待言。

導言裡有句話筆者非常認同：「經濟學是對人性的研究，因此經濟學的觀念往往是常識。」武俠大師金庸曾寫道：我們現代人用的科技與數千年前已大不相同，但兩千多年前《詩經》裡那些文字，當時人的喜怒哀樂，和現代人並沒什麼不同。人性是不會輕易改變的，這正是經濟學的價值。

這本《一本書讀懂經濟學》的特色是用數十個概念介紹經濟學。其中最重要的是第一部分「基本觀念」。既然是觀念，就難免抽象，但作者用了許多實例來解說。

例如談分工，它提到鉛筆是如何生產出來的 —— 這是來自經濟學領域一

篇非常著名的文章，重點在於提醒人們：不要把我們日常生活之物當成稀鬆平常，就連不起眼的鉛筆，從裡面的筆芯到木質，背後都是無數人各自努力的成果。

更神奇的是：沒有一個英明神武的大人物指揮他們要做出「鉛筆」這個東西，但這些看似各自為政的個人，只知完成自己份內之事，卻共同做出「鉛筆」這個產品送到客戶手中。這神秘力量究竟是哪裡來的？筆者認為，這正是經濟學最奧妙之處。

從架構看，本書章節可以不必按順序讀。事實上本書的第二部「經濟學思潮」，筆者認為放在最後讀，也就是讀者對經濟學有了基礎概念後，再來看這些流派的理論，也許更合適。

至於本書第三部談經濟如何運作，第四部談金融市場，涉及現代各總體經濟部門，從國內生產毛額（GDP）、貨幣面的中央銀行、財政面的徵稅，以及債券、股票等。要了解近年來各國總體經濟的變化以及政策影響，這部分是合適的切入點。

第五部談各種經濟議題，涉及不平等、全球化、保護主義等。這些都是近年來國際間反覆爭論的問題，筆者認為這些問題，與其聽經濟學家說，不如聽經濟學怎麼說 —— 這兩者是不同的，經濟學家也是人，會受主觀利害的驅使；經濟學則是客觀的人類行為規律，不因個人意志而移易。事實上讀者們若掌握了本書第一部的基本觀念，對這些問題自然會有答案。

第六部則涉及近代經濟學的發展，從行為經濟學、賽局理論等，都是近年來學界熱門議題。這些主題有的還在發展中，有的尚未有定論，不像本書第一部裡談的那些概念，都是經過時代千錘百鍊留下的成果。筆者認為讀者對此部只須有基本認識即可。

整體而言，此書優點是單刀直入：列出主題，直述內容。對哪個主題有

興趣，可以隨時查找。缺點是本書對經濟學的核心概念介紹的還不夠。

在筆者看來，經濟學最重要的就供需、機會成本、分工等概念。這些概念集中在本書第一部。這是一般人能養成「經濟學的思維方式」最重要的工具，其重要性怎麼強調都不為過。

但話說回來，經濟學強調的是人間無處不「取捨」——多捨棄一點這個，我能多獲取一點那個。本書捨棄了一部分經濟學概念，而多獲取了更多現代經濟運作的知識。至於這些取捨是否值得，就交給讀者們自行判斷了。

（本文作者為商業周刊副總主筆）

導言
Introduction

「一個沉悶、荒蕪，而且確實非常卑鄙又令人痛苦的〔主題〕；我們可以尊稱其為鬱悶科學（dismal science）。」

　　托馬斯・卡萊爾（Thomas Carlyle）對經濟學的描述可以追溯到1849年，但無論如何，經濟學至今都擺脫不了這個形象。毫無意外地，人們通常只有出問題時才會注意到經濟學。只有當景氣有危機、成千上萬人失業、物價漲太高或跌過快時才更關注這個主題。如此一來，經濟學似乎毫無疑問地讓人覺得很鬱悶，尤其當它強調我們面臨的挑戰和限制，清楚分析我們無法擁有想要的一切的現實，並坦承人類生來不完美的事實時。

　　我應該用典型的經濟學家風格補充，說「事實可沒這麼簡單」。如果經濟學只是研究數字、統計和理論，那麼類比為鬱悶科學可能更有根據。然而，經濟學本質上是研究人，是探究人們如何成功，是什麼讓我們快樂或滿足，人類如何在幾個世代的時間裡變得比過往任何時代都更健康、更富裕。

　　經濟學探討的是什麼驅動了人的行為，並研究人在面對難題或成功時的應對方式。它調查人們在特定一組有限選項時做出的選擇，以及如何相互權衡取捨。經濟學是一門涵蓋歷史、政治、心理學的科學，沒錯，還有一兩個怪怪的方程式。如果歷史學的職責在於告訴我們過去犯了哪些錯誤，那麼，想知道下一回該如何換個方式做事，就該聽聽經濟學怎麼說了。

　　經濟學有沒有好好肩負這個責任，則是另一個問題。在本書即將出版（本書英文版於2009年出版）之際，世界正面臨有史以來最大的金融危機之

一，數十年的債務壓垮了全球市場。某些世界上最大、最老的銀行、零售商和製造商倒閉了。這場危機展現出許多嶄新的面向——例如嶄新又複雜的金融工具，以及新的經濟關係，因為自冷戰結束以來，美國作為全球超級大國的地位首度受到質疑。但實際上，它與過往許多場危機非常相似。如果我們可以一遍又一遍犯同樣的錯，那就要問，經濟學的目的是什麼？

　　答案很簡單。幾世紀以來，我們累積了怎樣管理經濟最好的智慧，使我們比祖先所能想像到的更富有、更健康、更長壽。這狀況絕不是必然的。只要看看撒哈拉以南非洲和亞洲部分地區的國家就知道（實際上，當前的人們處在與中世紀歐洲同樣的境地），富裕絕非必然實現。事實上，富裕是很脆弱的，但與經濟學一樣，我們認為這種成功是理所當然，反而傾向於關注事物令人鬱悶的一面。

　　人性（human nature）就是這樣。許多經濟學書籍試圖消除這種假象。老實說，更悲觀地看來，這不是我的風格。本書的目的只是解釋經濟體是如何運作的。經濟學不可告人的秘密就是——它根本不複雜。經濟學是對人性的研究，因此經濟學的觀念往往只是常識，又何來複雜可言？

　　我不打算讓讀者接連不斷地讀完整本書：這50個觀念中的每一個都各有意義，不過我也要強調，讀者可以查找另一章的某些段落獲得相關知識。

　　我希望你讀了大部分觀念時，將能夠像經濟學家一樣思考：能進一步追問為什麼我們要這麼做，對於多數人的看法，別照單全收；而要明白，即使是生活中最簡單的事情，也比看起來更複雜，也因而變得更美。

　　適合的範例就是這篇簡介。作者要做的就是感謝所有幫助成書的人。但是從哪裡開始呢？我應該首先感謝森林主人，為了他種植製成書頁紙張的林木？或者感謝工廠工人，為了他製造了頁面上一行行的墨水？還是感謝機械操作員，為了他在裝訂廠將書本裝訂妥善。與這個互相連結的世界中的許許多多

事物一樣，數以百萬計的人參與創造這本書：從你拿著的，還有這本書的出版商和製造商，到將它從中國運送到你買的書店的運輸公司，以及許許多多人（本書英文版在中國印刷裝訂，欲了解其中緣由，請閱讀全球化章節）。

特別一提的是，這本書是一項成果，包含我近年來與經濟學家、教授、金融家、商人和政治家進行的數千次對話，在商店書架上可以找到的卓越經濟學文獻，更令人興奮的是，在網路上得到訊息。許多觀點與著名和不那麼著名的經濟學家的觀點相呼應，簡直不勝枚舉。但是，我還要感謝Quercus出版社的Judith Shipman將我納入這個優秀書系裡；我的文字編輯Nick Fawcett和Ian Crofton；Vicki和Mark Garthwaite提供我一個理想的寫書處所；David Litterick、Harry Briggs和Olivia Hunt惠予意見；還要感謝我母親和家人的支持。

艾德・康威

第 1 部

基本觀念

THE BASICS

01 看不見的手
The invisible hand

「貪婪是好的」，1980 年代經典電影《華爾街》的反派戈登‧蓋科（Gordon Gekko）宣稱，一舉證實了上流社會對金融家的最大恐懼。在這個殘酷的曼哈頓，肆無忌憚的貪婪不再是什麼可恥的事 —— 應該自豪地穿上身，就像條紋襯衫和紅色吊帶一樣。

這部電影在 20 世紀後期已駭人聽聞，試想，這樣的宣告在大約兩個世紀前聽起來會如何，當時的精神生活仍然由教會主導，將人類定義為經濟動物幾乎是褻瀆神明。現在你可能多少了解對亞當‧斯密關於「看不見的手」的激進思想在 18 世紀首次提出時所產生的影響。儘管如此，就像亞當‧斯密的好萊塢傳人一樣，他的書在商業上大獲成功，在初版就銷售一空，從那以後一直占有經典的地位。

自利的作用

「看不見的手」是供需法則（law of supply and demand，參見第 2 章）的簡寫，它解釋了整個社會如何得益於這兩個因素的拉動（pull）和推動（push）。簡單的想法如下：人們為自己的利益行事無可厚非。在自由市場中，每個人都追求自己的個人利益，諸多力量綜合之下，整個社會受益，每個人都富裕起來。

亞當‧斯密在 1776 年的《國富論》（The Wealth of Nations）中只用了三次

「看不見的手」，但有一個關鍵段落強調了它的重要性：

〔每個個人〕既不打算促進公共利益，也不知道他能促進多少公共利益……透過產出最大可能價值的方式做〔他的〕事業，個人只為自己的利益著想，並且在這方面，就像在許多其他情況下一樣，他被一隻看不見的手所引導，促進一項非出乎個人本意的目標……透過追求自己的利益，個人常常更有效地促進社會利益，出乎他的真心打算。我從來不知道那些故作為公益慷慨解囊的人做了多少善事。

這個想法有助於解釋為什麼自由市場對複雜的現代社會的發展如此重要。

看不見的手教我們的事

讓我們以發明家愛迪生為例，他提出了一種新型燈泡的點子，這種燈泡比其他燈泡更高效、更持久也更亮。他這樣做是為了一己私利，希望變有

350BC	1723	1759	1776	2007
亞里斯多德宣稱財產應該是私有的。	亞當・斯密出生。	亞當・斯密的《道德情操論》出版。	亞當・斯密的《國富論》出版。	亞當・斯密以經濟學之父的貢獻在20英鎊鈔票上現身。

錢，甚至可能有名。副作用是整個社會獲益，為生產燈泡的人創造就業機會，並點亮買燈泡的人的生活（和客廳）。如果沒人需要燈泡，就沒人會付錢給愛迪生，而這隻看不見的手實際上會因為他做錯事而摑他一巴掌。

同樣地，一旦愛迪生開始做生意，其他人可能會看到他賺錢，並試圖設計類似款但更亮、更好的燈泡來贏過他，也開始變有錢。然而，看不見的手從未稍歇。愛迪生開始賣得比競爭對手便宜，以確保能一直賣最多燈泡。客戶因為買到更便宜的燈泡而開心。

在這個過程中的每個階段，愛迪生都為自己的利益、而不是為社會的利益行動，但是，與直覺相反的是，每個人都會因此受益。從某種意義上說，看不見的手的理論類似於數學中負負得正的概念。如果只有一個人為自己的利益行動，而其他人都是利他的，那麼社會的利益就不會實現。

另一個例子是可口可樂，它在1980年代改變了碳酸飲料的配方，以吸引更年輕、時尚的顧客。然而，這款「新可口可樂」（New Coke）卻是一場徹頭徹尾的災難：大眾不欣賞這種改變，銷量暴跌。這隻「看不見的手」傳達出很清楚的訊息，可口可樂的利潤暴跌，新可口可樂幾個月後被取消。舊款恢復生產，顧客很高興，可口可樂的董事也很高興，因為利潤很快就反彈回來了。

亞當・斯密認識到，在某些情況下看不見的手理論行不通，其中一個是通常被稱為「公地悲劇」（tragedy of the commons）的困境。問題在於，當某

「我們期待我們的晚餐不是來自屠夫、釀酒師或麵包師的善行，而是出於他們對自身利益的考慮。我們靠我們自己，不是靠他們的人性，而是靠他們的自利自愛，從不和他們談我們自己需要的東西，而談對他們的好處。」

——亞當・斯密

種特定資源的供應有限時，例如在公地上放牧，那些過度使用這片土地的人
會損害鄰居的權益。對抗氣候變遷陣營曾大力運用這個論點（參見第45章）。

亞當‧斯密（1723—1790）

經濟學之父亞當‧斯密是來自蘇格蘭小鎮柯科迪（Kirkcaldy）的一位從外
表看不大出來的激進英雄。就一位經濟學開山始祖而言，亞當‧斯密是一
位古怪的學者，他認為自己是邊緣人，偶爾怨嘆他不尋常的外貌和缺乏社
交禮儀。像許多徒子徒孫一樣，在格拉斯哥大學辦公室裡堆滿了文件和書
籍。偶爾有人看到他自言自語，而且他有夢遊的習慣。

亞當‧斯密最初在他的第一本書《道德情操論》（*The Theory of Moral
Sentiments*，1759）中創造了「看不見的手」一詞，重點關注人類如何互
動交流，以及道德正直與人類天生追求自利之間的關係。離開格拉斯哥去
擔任年輕的巴克盧克（Buccleuch）公爵的導師後，他開始著手撰寫《國
富論》，完整的書名為《國民財富的性質和原因的探究》（*An Inquiry into
the Nature and Causes of the Wealth of Nations*）。

亞當‧斯密自此成名，其思想不僅影響了所有經濟學大師，還推動了工業
革命和盛行到第一次世界大戰的第一波全球化。在過去的三十年裡，亞
當‧斯密再次成為英雄，他的自由市場、自由貿易和分工（參見第6章）
等觀念是現代經濟思想的基礎。

2007年，亞當‧斯密恰如其分地獲得殊榮，成為第一個出現在英格蘭銀
行紙鈔上的蘇格蘭人，他的肖像出現在20英鎊紙鈔上。

自由市場的局限

　　儘管這幾十年來看不見的手的想法偶爾會被右翼政客把持，它並不是一個必然代表某種特定政治觀點的理論。這是一個實證經濟理論（economic theory，參見第16章），儘管它嚴重削弱了某些人和主張的基礎，就是認為政府決定應該生產什麼，使經濟可以從上而下運作得更好。

　　看不見的手強調了一項事實，即個人（而不是政府和行政人員）應該能夠決定生產和消費什麼，但有些重要的附帶條件。亞當‧斯密小心區分自利和純粹的自私貪婪（selfish greed）。看不見的手必須以法治為後盾。擁有一套保護消費者免受不公平待遇的法規架構以符合我們的自身利益，包括財產權、專利和版權落實，以及保護勞工的法律。

　　這就是戈登‧蓋科搞錯的地方。純粹被貪婪驅動的人，可能會選擇犯法來成就自己、損及他人。亞當‧斯密永遠不會准許這種事。

一句話說看不見的手

自利對社會是有好處的。

02 供給與需求
Supply and demand

經濟學和人際關係的關鍵在於供需法則。這兩種力量的相互作用，決定了店家的商品價格、公司的利潤，以及某個家庭如何變有錢而另一個家庭仍然貧窮。

供需法則解釋了為什麼超市的高檔香腸賣得比普通品牌貴得多；為什麼某家電腦公司覺得筆記型電腦可以換個顏色來向顧客多收一點錢。數學和物理學是依據某些基本法則運作，供需之間的簡單相互作用也一樣，而且隨處可見。

供需法則會出現在厄瓜多奧塔瓦洛的擁擠小巷，也會出現在紐約相連華爾街的寬闊大道上。儘管看起來有差異：南美擠滿農民的塵土飛揚街道，以及曼哈頓到處都是穿著西裝的銀行家。而在最基進的經濟學家眼中，這兩個地方實際上是相同的。仔細看一下你就會明白：它們都是主要市場。奧塔瓦洛是拉丁美洲最大、最著名的街頭市場之一；而華爾街則是紐約證券交易所的所在地。它們都是人們去買或賣東西的地方。

市場把買家和賣家聚集在一起，無論是賣東西的實體攤位，還是在華爾街之類的虛擬市場，在此大多數交易都是藉由網路平台機制而運作。供需之間是以價格聯繫。供給、需求、價格這三個看似無害的資訊，可以告訴我們

「我們不妨理性爭論剪紙的是剪刀的上刃還是下刃，就像價格是由需求決定還是由供應決定一樣。」
——維多利亞時代經濟學家阿爾弗雷德·馬歇爾（Alfred Marshall）

許多與社會有關的事情。它們是市場經濟的基礎。

需求代表人們願意以特定價格從賣方那裡購買的商品或服務的數量。價格越高，想購買的人就越少，直到拒絕購買為止。同樣地，供給表示賣方將以一定價格出售的商品或服務的數量。價格越低，賣方想要出售的商品就越少，因為生產商品要花錢和時間。

這個價格對嗎？

價格是一種訊號，告訴我們特定產品的供給或需求在上升還是下降。以房價為例，在21世紀初，有越來越多的家庭受便宜的抵押貸款的鼓勵，積極購屋，使得購屋者增加的速度越來越快。購屋需求促使建商蓋更多房屋，特別是邁阿密和加州的部分地區。最終當房屋完工時，突發的供給過剩導致房價下跌，而且跌速很快。

有個關於經濟學的公開秘密，實際上，價格很少處於均衡狀態。玫瑰花的價格全年漲漲跌跌，當夏去冬來，超市和花店不得不從更遠的國外採購，玫瑰的供應量下降，價格上漲。同樣地，在2月14日之前，價格基於對情人節鮮花的需求而飛漲。

1776	1807	1890	1930 年代
亞當・斯密《國富論》出版。	法國經濟學家讓－巴蒂斯特・薩伊制定了他的法則 —— 隨著時間的推移，需求總是與供給相匹配。	阿爾弗雷德・馬歇爾將供需曲線和圖普及化。	約翰・希克斯爵士精進了經濟學的供需法則。

經濟學家稱之為「季節性變動」或「雜訊」（noise）。然而，有些經濟學家試圖看得更長來計算均衡價格。再看看房價：還沒有經濟學家能計算出平均房價應該值多少。由歷史看來，房價應該是買房者年薪的數倍（平均在三倍到四倍之間），但沒有辦法確定。

人們可以從某些商品的價格中學到一些關於人的基本知識。幾年前，電腦製造商蘋果公司推出了新款MacBook筆記型電腦，共生產了黑白兩色，黑色款是比較貴的特殊版。儘管在速度、硬碟空間等方面都與白色版相同，黑色版零售價貴兩百美元。然而，黑色款仍然熱銷。如果沒有足夠需求，就不會發生這種情況，所以很明顯地，人們很樂意多付一點錢，純粹是為了把自己的筆電與普通的白色筆電區隔開來。

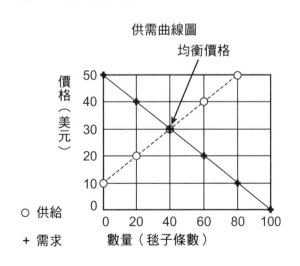

實務上的供需法則

在厄瓜多，瑪麗亞在她的市場攤位上賣精美、手工紡織的彩色安地斯風格毛毯。她知道每條毯子賣10美元或更低價格是沒意義的，因為以這個價格，她付不起毯子成本、也租不起攤位。第一步，她先將價格定為50美元，以這個價格她可以生產80條毯子，但事實證明這對潛在客戶來說太貴，而且一條也賣不掉，因此她開始降價來清庫存。她每次

降價，就會招來更多顧客。對毯子的需求緩慢但明確地增加。賣 40 美元時，她賣了 20 條，賣 30 美元可以賣 40 條。降價到 20 美元時，她意識到價格定得太低了。隨著庫存清空，她意識到，新毛毯的生產速度不夠快，無法滿足需求。她體認到，賣 30 美元時，生產的毯子數量與人們購買的數量剛好一致。

她剛剛畫出了所有經濟圖表中最重要的一個：供需曲線。她剛剛發現了毯子的均衡價格。

實線表示人們對瑪麗亞毯子的需求；虛線代表供給。當毯子的價格為零時，對毯子的需求是 100 條，但沒有供應（因為收入不敷成本）。當價格為 20 美元時，潛在需求是 60 條，但瑪麗亞只能生產 20 條。根據圖表，毯子的均衡價格是 30 美元。如圖所示，這是供給等於需求的時候。

神奇的彈性

有時供需得花一段時間才能對價格變化做出反應。如果電話公司提高通話費，消費者往往很快就會減少打電話的次數，或者轉而選擇另一家電話公司。用經濟術語來說，他們的需求有價格**彈性**，亦即隨著價格的變化而改變。

在某些情況下，消費者對成本變化反應很慢 —— 他們**缺乏價格彈性**。例如，當本世紀初油價大幅上漲時，面臨高油價的消費者沒有其他選擇，也不一定買得起新的、昂貴的電動或混合車來降低成本。同樣地，石油密集型公司只得承擔額外的成本。漸漸地，有些消費者改搭公共交通工具。這種轉換

「教鸚鵡學會說『供給與需求』，牠就成了經濟學家。」

——托馬斯・卡萊爾

被認為是昂貴物品被替代品所取代。然而，許多家庭別無選擇，只能盡可能長時間地承擔更高的燃料成本。

當然，對需求產生的影響同樣影響了供應，供應也可以有彈性、或缺乏彈性。許多企業已經變得很能調適或有價格彈性，當對產品的需求下降時，會裁員或削減投資來回應。然而，有些公司則缺乏彈性，因此不太容易辦到。例如，如果加勒比地區的香蕉生產商被較大的拉丁美洲生產商強行驅逐，或者消費者比較不願意購買他的香蕉，他可能很難縮減業務。

無論是厄瓜多小攤商、華爾街銀行家還是其他任何人，經濟決策背後的主要力量，始終是價格與決定價格的買賣雙方之間的相互作用；換句話說，就是供需法則。

一句話說供給與需求

當供給等於需求時，東西便被完美地定價。

03 馬爾薩斯陷阱
The Malthusian trap

矛盾的是，經濟學中最流行、最有力和最持久的理論之一被一代又一代證明為誤。但是，沒有哪個想法比這個更吸引人：人類正以如此之快的速度擴張和耗盡地球資源，以致不可避免要走向自我毀滅。看看馬爾薩斯陷阱。

你可能很熟悉在生物學課上看到的細胞增殖的顯微圖像。從幾個細胞開始，每個細胞分裂形成另一對；它們迅速繁殖，一秒接一秒地蔓延到培養皿的角落，直到最終填滿培養皿的邊緣，再也沒有空間了。然後會發生什麼？

現在看人類。人類也呈指數速度繁殖。人口會不會擴張得太快，再也無法維持自身的生存？兩個世紀前，英國經濟學家托馬斯・馬爾薩斯確信人類就是這樣。他計算出，人口生長速度遠遠快於食物來源的成長速度。更具體地說，他提出了這樣一種觀點，即人口呈幾何級數成長（即次方：2、4、8、16、32⋯⋯）；而可取得食物呈算術級數成長（即加法：2、4、6、8⋯⋯）。

正如馬爾薩斯本人在1798年的《人口論》（*Essay on the Principle of Population*）中所說，人類需要食物才能生存，而人類正在快速繁殖。他總結道：

> 我說人口成長的力量永遠大於地球為人類生產維生所需物資的力量。如果不加以控制，人口會以幾何比例增加；維生所需物資只以算術比率增加。稍微了解一下這些數字，便能領略到第一種力量與第二種力量相比是多麼的巨大。

在馬爾薩斯眼中，人類正走向不可避免的危機。除非自願降低出生率（他認為這是不可思議的），否則在大自然為保持在某種可維生的極限之下，將施加人類三種難以忍受的控制手段：飢荒、疾病或戰爭。人類會吃不飽，死於某種瘟疫或爭搶日益稀缺的資源。

你可以看到為什麼馬爾薩斯陷阱經常被稱為馬爾薩斯災難或困境。主張有必要控制世界人口規模的各種專家，今天仍在強調這個深刻問題。許多環保運動都採用這個論點，以說明人類不能永續發展。

理論的問題

但馬爾薩斯錯了。自從他將想法形諸文字以來，全球人口達到自然的高峰，已從9.8億成長到現今的65億，預計到2050年將激增至逾90億。然而，地球上的大多數人比過往任何時候都吃得更好、活得更健康，也更長壽。馬爾薩斯在兩方面是錯的：

1776	1798	1805	1859
亞當・斯密的《國富論》出版。	馬爾薩斯的《人口論》出版。	馬爾薩斯成為黑利伯瑞學院經濟學教授。	受馬爾薩斯思想影響的查爾斯・達爾文的《物種起源》出版。

托馬斯・羅伯特・馬爾薩斯（1766－1834）

儘管馬爾薩斯是托馬斯・卡萊爾將經濟學斥為「鬱悶的科學」的原因，但實際上，他是一個非常受歡迎、有趣的人物，善於交際且廣受推崇，儘管他的想法很悲觀。他出生在一個知識分子眾多的富裕家庭，事實上，他的父親和哲學家大衛・休謨和讓－雅克・盧梭熟稔，一生大部分時間都在學習或教學，以及擔任英國國教的副牧師。經濟學被認為是一門如此多變的學科，以至於當年大多數大學都不承認這個學科，因此馬爾薩斯在劍橋耶穌學院上學並隨後教授數學。然而，在19世紀初，他成為世界上第一位經濟學教授，在赫特福德郡（Hertfordshire）的東印度公司學院（今名黑利伯瑞〔Haileybury〕學院）教授經濟學，這證明了經濟學日益普及。1818年，馬爾薩斯成為了英國皇家學會會員，以表彰他在經濟學領域的開創性成就，這清楚地表明了該領域的重要性。

1. 人類本身持續提出解決這些問題的技術。部分由於供需法則能鼓勵生產者設計更好、更有效的糧食生產方式，世界上出現了一連串農業革命，每一次都大幅增加了可用資源。人類在市場機制的幫助下解決了糧食問題。

2. 人口並不總是呈指數成長，而有在一段時間成長後趨於平穩的自然趨勢。與細胞會繁殖直到填滿培養皿不同，人類一旦達到一定的富裕程度，就會減少生育。事實上，人類的生育率最近一直在顯著下降，日本、加拿大、巴西、土耳其和全歐洲的出生率小於死亡率。更長壽意味著人口逐漸老化，但這是另一個議題（參見第32章）。

經濟史學家葛瑞里・克拉克（Gregory Clark）在頗具爭議的著作《告別施捨》（*Farewell to Alms*）中指出，直到1790年，人類確實陷入了馬爾薩斯陷阱，但是，由於此後的多種因素——包括最貧窮的人不幸病死、對他們的需要被上層和中產階級子弟取代（即所謂「向下的社會流動」），以及這些階層傾向更努力工作——這讓英國避免落入了馬爾薩斯陷阱。他斷言，世界上許多地方還沒有過這種經歷，仍然困在陷阱中。

然而，馬爾薩斯主義背後的理論：報酬遞減法則（the law of diminishing returns）當然沒錯，這是商場上重要的經驗教訓。以一座小農場或工廠為例，老闆決定每週增聘一名員工。首先，每個新員工都會導致產能大幅躍升。然而，幾週後，每個新員工帶來的影響都會比前一個員工小一些。當場地或機器有限時，多一雙手所能產生的差異只有這麼多。

於何處應驗？

我們現在所說的大多數西方世界（歐洲、美國、日本和少數其他已開發經濟體）打破馬爾薩斯陷阱的方式是提高農業生產力，而在此同時，隨著人們變得越來越富裕，生的孩子越來越少。這個事實與新技術的發明一同推動了工業革命，並最終將財富和健康提升到更高水準。不幸的是，世界上有些地方仍然陷在陷阱中。

「馬爾薩斯被埋葬了很多次，馬爾薩斯主義者也一樣罕見。但正如加勒特・哈丁（Garrett Hardin）所說，經常被重新埋葬的人不會完全死透。」

——美國經濟學家赫爾曼・E・戴利（Herman E. Daly）

許多撒哈拉以南非洲國家，土地的糧食生產力非常低，以至於絕大多數人口不得不務農維生。當他們透過使用新技術、種植更多作物來提高農業產量時，人口就會激增、糧食短缺，而在多年歉收之後往往會發生飢荒，從而使人口在隨後幾年中無法成長和變得更富有。

於何時應驗？

新馬爾薩斯主義者認為，儘管人類的聰明才智成功將這場災難延緩了幾世紀，但我們現在正處於另一場危機的邊緣。他們主張儘管馬爾薩斯的論點以食物為中心，但人們可以很容易地將石油和能源加入主要的「人類支持手段」。隨著「石油高峰」的臨近、或者可能已經過去，全球人口將很快達到再也無法維持自己生存的水準。迄今為止，技術進步或人口抑制讓馬爾薩斯論點無法被證實，因此現今是否適用，尚待觀察。

一句話說馬爾薩斯陷阱

要當心無窮無盡的人口成長。

04 機會成本
Opportunity cost

無論我們多有錢，多有影響力，永遠都不能在一天中找到夠用的時間來做想做的所有事情。經濟學透過機會成本的概念來處理這個問題，簡單地說，機會成本是指某個人的時間或金錢，是不是花在其他事情上會更好。

我們的時間每小時都有價值。我們在一份工作上投入的每一個小時，都可以很容易選做另一份工作、去睡覺或看電影。這些選項中的每一個都有不同的機會成本，亦即**錯失機會所付出的代價**。

假設你打算看一場足球比賽轉播，但門票很貴，而且往返體育場需要幾個小時。你可能會想，為什麼不在家看比賽轉播，用剩下的錢和時間（你花在賽前和賽後交通上的時間）和朋友共進晚餐？你的現金和時間的替代用途，就是機會成本。

另一個例子是要不要念大學。一方面，在大學裡的歲月應該在知識和社交方面都有豐厚的報酬，大學畢業生也往往會獲得更好的工作機會；另一方面，念大學有學費、教材和課程作業的成本。然而，這就忽略了機會成本：在你念大學的三四年裡，可以很容易地從事有償工作，賺到現金並透過寶貴的工作經驗來加值你的履歷。

「從整個社會的角度來看，任何東西的『成本』都是它在其他用途裡的價值。」

——美國經濟學家湯瑪斯・索維爾（Thomas Sowell）

放棄的機會

　　機會成本的概念對企業和個人一樣重要。以製鞋廠為例。老闆計畫投資50萬英鎊買一台新機器，機器可以大幅提高皮鞋的生產速度。這筆錢可以很容易地存進銀行，每年賺取5%的利息。因此，投資的機會成本是每年25,000英鎊，亦即投資機器所損失的金額。

　　對於經濟學家來說，要不要做某個決定，取決於了解你必須放棄哪些東西（包括錢與樂趣）。藉由明確知道會得到什麼以及錯過什麼，你應該能夠做出更明智、更理性的決定。

　　想一下最著名的經濟法則：天下沒有白吃的午餐。即使有人想請你吃頓午餐，不求你用餐時會還個人情或閒聊一番，午餐仍然不是完全免費的。你在餐廳花掉的時間，仍然會讓你付出一些機會成本。

　　有些人覺得機會成本的想法令人沮喪：想像一下，一生都在計算要不要把你的時間花在其他更有利可圖或更有趣的事情上。然而，從某種意義來說，這樣做是人的天性，人們會一直評估決策的利弊。

　　在商業領域有個流行口號是「物有所值」（value for money）。據說，人們希望他們的現金盡可能用得有價值。然而有另一個口號正在迅速流行：「時間價值」（value for time）。我們最有限的資源是可以投入到某件事上的時間，因

1776	1798	1817	1889
亞當・斯密的《國富論》出版。	馬爾薩斯的《人口論》出版。	大衛・李嘉圖的《政治經濟學和稅收原理》出版。	弗里德里希・馮・維塞爾首先將機會成本的概念以文字形式表述出來。

此我們希望盡可能讓我們投入時間所獲得的報酬最大化。閱讀本章時，你耗費了一小部分可以花在其他活動上的時間，包括睡覺、吃飯、看電影等等。然而，閱讀本章的報酬，是你能像經濟學家一樣思考，仔細考慮每個決策的機會成本。

家庭的機會成本

不管是否意識到，我們都是根據機會成本的概念來做出判斷。如果你家的管線漏水，你可以決定自己修，有計算資料顯示，即使花錢買工具、修繕書籍，但與請管線維修師傅相比，你仍然可以省下大量資金。然而，你花在維修上的時間所能做的其他事情，是額外的無形成本，更不用說事實上維修師傅可能會做得更好。這種想法與比較優勢理論很有關係（參見第7章）。

政府的機會成本

世界各國政府在民營化議題上一樣以機會成本為理論依據。理由不僅是公營事業通常在民營部門中運作得更好，而且公營事業出售後釋出的資金可以更有效用於公共投資。

然而，著眼於機會成本的決策往往會出錯。早在1999年，英國首相戈登‧布朗（Gordon Brown）決定出售占英國儲備絕大部分的近400噸黃金。那時，這些黃金在英格蘭銀行的金庫中閒置了多年，其價值已經下跌，因為許

「某件東西的成本是你為了得到它所放棄的東西。」
　　　　　　　——哈佛經濟學教授格里高利‧曼昆（Greg Mankiw）

讓金錢為你所用

在運動賽事中押注在錯的球隊、投資賠錢而不是賺100萬,我們大都經歷過這種低落的感覺。那種感覺就是機會成本的實現,就是錯失良機。想像一下1900年將1英鎊投資於英國國庫券(一種政府債券)的場景,一百年後,它值140英鎊。1英鎊價值純粹依循通貨膨脹僅為54英鎊,但如果投進英國公司的股權(equities)──股票(shares)的另一種表述──價值將升至16,946英鎊。在這種情況下,不投資股票的機會成本很大。

購屋買房的機會成本更難預測。一方面,當房價快速上漲時,租屋而不買房的人可能會怕錯過了一棵可能的搖錢樹。然而,當房價下跌時,租屋者免於受影響,情況就好得多。同樣重要的是,當你把大部分收入存起來,就放棄了透過把錢投資別處可能獲得的收益。

多人認為黃金是一種很糟的投資。同樣金額的現金,如果改為投資持有政府債券等標的,價值在過去幾年已穩步成長。所以英國財政部決定以平均每盎司276美元的價格拋售它們,以換取各種債券。

很少有人能預見,不到十年後,黃金價格急遽攀升到略低於每盎司981美元,這意味著布朗以35億美元出售的黃金現在(編按:指本書英文版成書時的2009年)價值約125億美元。英國政府從出售的收益中獲得了一些利潤,但遠遠不及若是將黃金留著並等到稍後再出售所獲的收益。這說明了機會成本的危險之處:它鼓勵你相信,別的選項總是比原來的好。

一句話說機會成本

時間就是金錢。

05 誘因
Incentives

多年來，有件事物一直是牙買加保守得最完好的秘密之一：珊瑚泉海灘，它是加勒比島嶼北側最潔白、壯麗的海岸線之一。但到了2008年的一個清晨，附近蓋酒店的開發商來到這裡，發現了一些奇怪的事——沙子沒了。小偷在夜色掩護下，運走了500卡車的沙。

在世界大部分地區，一桶沙子幾乎是一文不值，但在牙買加顯然並非如此。那麼，是誰偷的？是旅遊業的競爭對手想把沙子放到自己的海灘嗎？還是一家建商計畫將沙用作建築材料？無論基於哪種考量，有一件事很清楚：有人不顧一切想方設法來取得沙子，是一個有強烈動機這樣做的人。

就像辦案的偵探一樣，經濟學家的工作往往是找出誘使人們做下某些決定的原因。這個人必須擺脫人們行事背後的道德、政治或社會學主題，而且必須憑經驗確定推動他們做出決定的力量。

尋找誘因

歹徒搶銀行，因為認為拿走現金的誘因大於待在牢房的懲罰。當一國稅率提高時，人民工作就比較不努力，因為他們所賺到的更多的錢將會被課稅，意味著沒有誘因令他們投入更多時間在工作上。人們對潛在誘因產生反應，是經濟學最基本的法則。

認真思考為什麼你和周圍的人會做出某些決定——技師幫你修車，不是

因為你需要再開上路，而是因為他這樣做有報酬；為你端來午餐的女服務生也是出於同樣的原因，而不是因為你餓了；服務生面帶微笑，不僅因為她人很好，還在於餐廳的生計極度依賴回頭客。

　　儘管錢在經濟學中扮演著重要角色，但誘因不只有現金。男男女女在約會時要花那麼一點時間打扮，是出於浪漫的誘因。你可能會拒絕一份薪水優渥但是工時長的工作；並基於擁有閒暇時間這個誘因，而選擇一份薪水不那麼優渥的工作。

　　一切事物背後都有隱藏的誘因。例如，大多數連鎖超市都會提供顧客回饋卡，讓他們偶爾可以享受購物折扣。給客戶更頻繁地去店裡血拼的誘因，反過來又保證了超市賣得更多。然而，對超市的另一個重要誘因，是能藉由回饋卡，密切追蹤客戶的購買情況。這不僅有助於了解貨架上的庫存，而且可以為顧客量身訂作特殊優惠，還能把顧客購物習慣的詳細資訊賣給外部行銷代理商，來賺更多錢，因為這些資訊對行銷代理商來說非常有價值。由於有一隻看不見的手（參見第1章），買賣雙方都受益，因此每個決策都對強烈的誘因做出反應。

1723	1798	1803	1817	1871	1890
亞當‧斯密出生。	馬爾薩斯的《人口論》出版。	尚－巴蒂斯特‧薩伊指出，經濟運行中永遠不會出現需求短缺。	大衛‧李嘉圖的《政治經濟學和稅收原理》出版。	卡爾‧門格爾首先提出邊際效用的基本原理，徹底改變了誘因研究。	阿爾弗雷德‧馬歇爾的《經濟學原理》出版。

　　儘管有爭議，人們甚至可以將明顯的利他行為視為理性的經濟決策。人們有多大程度上是因為與生俱來的善心或基於情感上的報酬（滿足感和責任感）而捐錢給慈善事業？器官捐贈也是如此。儘管行為經濟學已經發現人類以意想不到的方式對誘因做出反應的明顯案例（參見第46章），但絕大多數決策都可以歸因於簡單的誘因組合。

　　儘管這些誘因並不總是財務性質，但經濟學家通常關注金錢，而不是愛情或名譽，因為現金比自尊或幸福更容易量化。

政府和誘因

　　在經濟艱困時期，政府通常會減稅，正如2008年金融危機之後的經濟衰退期間。其目的是刺激人們繼續消費，從而減低經濟放緩的規模。

　　但人們對大棒（懲罰）的反應與對胡蘿蔔（獎勵）一樣，因此政府也經常採用懲罰措施來確保公民遵守某些規範。明顯的實例，如對違規停車或交通違規行為的罰款。還有所謂的「罪惡稅」，亦即對香菸和酒精等有害物品額外課稅，以及對汽油、排放廢棄物等課徵的環境稅。諷刺的是，此類稅收是世界各國政府最大收入來源之一。

　　獎勵和懲罰的力量很強，歷來曾有許多例子是政府試圖阻止出於自利的推動／拉動而引發重大危機。

無論你要怎麼稱呼它，誘因，是讓人們更努力工作的源頭動力。
　　　　　　　　　　　　——前蘇聯最高領導人赫魯雪夫（**Nikita Khrushchev**）

為了促進健康所設計的特別誘因

意識到誘因的重要性激發了一種應對非洲愛滋病蔓延的新方法。世界銀行試圖通過發保險套和教育非洲人民了解性行為傳染的危險,以遏制愛滋病傳播,但未能成功。世界銀行做了一些不尋常的事,同意用180萬美元的基金付給坦尚尼亞的3,000名男女落實安全的性行為;為了證明他們確實遵守,必須定期受測以證明沒有感染任何性病。該計畫稱為「逆向賣淫」(reverse prostitution)。

這些所謂的「附帶條件的現金補助」(conditional cash transfer,簡稱CCT)已在拉丁美洲發揮巨大作用,鼓勵貧困父母去診所就診,並讓孩子接種疫苗和受教育。這通常比其他措施便宜。

　　食品價格飆升的例子不勝枚舉,政府透過控制物價來反擊。表面上的想法是讓最貧困的家庭有更多的食物,但這些政策一再失敗,事實上,抑價政策往往引發糧食減產。由於控制物價削弱了農民生產糧食的誘因,他們不是放棄工作,就是傾向減產,並為自己的家庭保留盡可能多的糧食。

　　時間離我們較近的一個特別驚人的案例,是理查‧尼克森總統在1971年以顯然違背自己和顧問群的直覺方式,實施了物價和工資管制措施,結果引發嚴重的經濟停滯,最終導致通貨膨脹問題進一步加深。然而,尼克森政府實施控制措施的誘因很明顯:當時正面臨選舉,且執行者也明白,該政策的不良影響需要一段時間才會顯現。在短期內,該計畫深受大眾歡迎,尼克森也在1972年11月以壓倒性優勢贏得連任選戰。

　　另一個例子發生在蘇聯共產主義時期。由於中央計畫制定者對糧食實施物價控制，農民失去了耕種的誘因，即使是最肥沃的土地也被荒廢。在同一期間造成全國數百萬人餓死。

　　這些例子的教訓是，自利是經濟學中最強大的力量。在我們一生中，被一個又一個誘因吸引。忽視這一點，就是忽視了人性的本質。

一句話說誘因

人們會對誘因有反應。

06分工
Division of labour

有個西班牙人抬頭看著眼前的壯麗景象，驚嘆不已。1436年，他在威尼斯觀看義大利城邦如何武裝船隻。回家鄉後，他開始了一段耗時數天的艱苦過程，但在他眼前的威尼斯人在不到一小時內就完成了一艘又一艘船隻武裝。但他們究竟是怎麼做到的呢？

回到西班牙，船隻必須在碼頭停泊，成群的工人在船上裝滿了新的彈藥和補給。相較之下，在威尼斯的每艘船都被拖進一條運河，不同的武器專業生產商在船隻經過時將產品放上甲板。西班牙訪客驚嘆地在日記中記錄了這個過程。他剛剛見證了分工的神話：世界上最早的生產線之一。

這個想法很簡單：透過將勞務分工、每個人專注於所擅長的事，可以生產更多、更好的產品。分工已經實行了幾千年，在希臘時期已經很成熟。在亞當·斯密的時代，分工在全國各地的工廠中就已經存在，但直到20世紀初，分工才以亨利·福特和他的T型車的形式達到頂峰。

分工推動了第一次工業革命，使世界各國大幅提高生產力和財富。分工幾乎是你可以想到的每一種產品背後的生產方法。

「能一個人完成全部的工作，並不是工作。工作始於分工。」
——加拿大媒體理論家馬歇爾·麥克魯漢（Marshall McLuhan）

製造的複雜性

　　拿一支普通的鉛筆為例，把鉛筆創造出來，包括多種不同的步驟：砍伐木材、開採石墨與壓模、加標籤、上漆和加橡皮擦。正如經濟教育基金會的創辦人倫納德·里德（Leonard Read）激勵人心的短文《我，鉛筆》（1958）中所寫的那樣，製造一支鉛筆需要無數人的手：「很簡單？然而，地球上沒有一個人知道如何造就我。這聽起來很棒，不是嗎？尤其是當人們意識到美國每年生產大約十五億支我的同類產品時。」

　　直到亞當·斯密時代，分工才被總結出一個簡單的理論。亞當·斯密在《國富論》中使用的著名例子是18世紀英國一家別針工廠，那裡的小別針採手工製造方式。他說，大街上的普通人很少每天能製造一根別針，但在一家別針工廠，工作分給了許多專業人士：

> 一個人拉出鐵絲，另一個人拉直，第三個剪斷它，第四個削尖，第五個磨光頂部以接上別針頭；製作別針頭需要二到三個不同的工序……以這種方式，製作別針的重要作業分為大約18個不同的工序。

360BC	1430	1776	1913
柏拉圖在《理想國》中對「專業化」一事表示推崇。	威尼斯的兵工廠已有標準化零件和裝配線技術。	亞當·斯密透過描述別針工廠的流程，來解釋分工的運作。	亨利·福特和裝配線——汽車製造自動化。

大規模分工

無論是小規模還是大規模分工，都很合理。以一個特別適合種植小麥的地區為例，該地區有適當的土壤密度和降雨量，但由於居民在收穫時期收割的小麥不足，因此經常不得不讓部分土地休耕。鄰近地區的居民擅長製造刀具，但土地相當貧瘠，居民經常挨餓。

分工的強大邏輯表明，兩個地區應該專注於他們的強項，並交易他們生產不來的東西。然後，每位居民將有足夠食物和盡可能多的刀，來收割小麥或自我保護。

根據斯密的說法，透過分工，一家十人工廠每天可以生產48,000根別針 —— 生產率提高了400,000%。以這種方式工作，團隊的產量遠遠超過個人各別的總和。

當然，這是亨利‧福特在一個世紀前創建的那種工廠的原型。他設計了一條移動生產線，製造中的汽車，隨著傳送帶，經過不同的勞工團隊面前，每個團隊都會為車加上一個新的標準化零件。結果就是福特能以遠低於競爭對手的價格和時間，生產出一輛汽車。

固守自己的長處

然而，分工並不止於此。設想某家公司的董事總經理在行政、管理、會計、行銷和清潔大樓各方面績效遠勝於他的員工。他承擔自己做起來效益最大的任務，將以外的所有任務都指派給員工，他會得到更好的成果。

同樣地，汽車製造商自己製造汽車的每個零件，從座椅上的皮革到發動

機，再到音響系統，都沒有意義。最好將某些或全部的專業流程交給其他公司，從那些公司買零件產品，並簡單地組裝起來。

斯密把這個想法推進一步：他建議勞動力不僅應該分配給適合特定任務的不同個人，還應該分配給不同的城市和國家。

分工的危險

然而，分工天生存在問題。首先，任何被裁員的人都能出面作證，當人專注於已不再被需要的工藝時，可能很難再找到工作。近幾十年來，成千上萬的汽車工人、煤礦工人、鋼鐵工人等在他們工作的車廠、工廠和礦山關閉後，往往落得長期失業。其次，工廠可以完全仰賴一個或者一小群人，讓他們可以在整個製程中行使不成比例的權力，例如，如果他們不滿，就會罷工。

第三，如果有個人被迫專注於一項特定的行業或專業知識，可能會嚴重地消耗士氣。每天不得不執行一項重複性工作，會使工人受到亞當‧斯密所說的「精神傷害」（mental mutilation），從而使智力退化並與他人疏遠。這是卡爾‧馬克思衷心贊許的分析。事實上，這形成他的《共產黨宣言》（*The Communist Manifesto*）的部分基礎，其預測工人會開始幻滅，以至於最終會起來反抗將這種困境強加其身的雇主。

然而，分工所產生的異化必須與它所產生的驚人效益分開來看。分工在很大程度上影響了現代經濟的成長和發展，以至於仍然是經濟邏輯中最重要、最強大的一部分。

一句話說分工

專注於你的強項。

07 比較優勢
Comparative advantage

如果得從市場經濟學中萃取兩個關鍵信條，那將是：首先，看不見的手意味著即使是自利行為也會在整體上對社會有益（參見第1章）；其次，經濟成長不是一場零和遊戲，亦即有個人贏就會有個人輸。這些信條違反直覺，尤其後者。人性認為當某個人變得更有錢、更胖或更健康時，世界上的其他人會變得更窮、更瘦或病得更重。

以兩個國家為例，例如葡萄牙和英國。假設他們交易葡萄酒和布匹這兩種商品，碰巧葡萄牙製造這兩種商品比英國有效率，可以用一半的成本生產布匹，以五分之一的成本生產葡萄酒。

葡萄牙在生產這兩種商品方面擁有經濟學家所說的**絕對優勢**（absolute advantage）。從表面上看，分工法則，亦即個人應該專注於自己的強項，似乎提供不了解決方案。你可能會認為英國沒什麼競爭力，聽任自己慢慢失去財富。然而情況並非如此。

1776	1798	1817	1945
亞當‧斯密的《國富論》出版。	馬爾薩斯的《人口論》出版。	大衛‧李嘉圖的《政治經濟學和稅收原理》出版。	二次大戰後開始推動更自由的貿易。

實務上的比較優勢

讓我們以兩個大小相等的國家A國和B國為例。A國和B國交易鞋子和玉米，而A國在生產鞋子和玉米的效率更高。然而，雖然A國每小時可以生產80蒲式耳（bushel）玉米，而B國是30蒲式耳，但A國每小時只能生產25雙鞋，而B國是20雙。因此，B國在製鞋方面具有比較優勢。如果每個國家都試著同時生產這兩種產品，就會發生這種情況：

	A國工時	A國產量	B國工時	B國產量
玉米	600	48,000 (600x80)	600	18,000
鞋子	400	10,000 (400x25)	400	8,000

總產量＝66,000蒲式耳玉米和18,000雙鞋子

但是，如果A國專門生產玉米，B國專門生產鞋子，將會發生以下情況：

	A國工時	A國產量	B國工時	B國產量
玉米	1000	80,000	0	
鞋子	0		1,000	20,000

總產量＝80,000蒲式耳玉米和20,000雙鞋子

兩國都沒有加班，但藉由專注於各自的比較優勢，兩國可以共同生產更多產品，每一國都會變得更好。

唯一比較優勢不起作用的情況是，如果一國不僅在生產兩種產品上比另一國更有效率，而且在每國的生產規模完全相同的情況下也更有效率。而這在實務上機率很低，幾乎不可能出現。

　　在這種情況下，如果英國將所有資源都用於生產布匹，而葡萄牙也同樣專注生產葡萄酒，那麼兩國最終將共同生產更多的布匹和葡萄酒。然後葡萄牙可以用多出來的葡萄酒換取英國的布匹。這是因為，案例中的英國在製造布料方面具有**比較優勢**，相較之下，英國的葡萄酒生產效率遠低於葡萄牙。1817年，有比較優勢之父美譽的經濟學家大衛・李嘉圖（David Ricardo）在其深具創見的著作《政治經濟學和稅收原理》中舉了這個例子。比較優勢原先似乎不合邏輯，因為我們已經習慣了人與人在相互競爭時只能有贏家和輸家的想法，但是，比較優勢法則表明，國與國之間的貿易可以帶來雙贏的結果。

　　原因是，每一國的人力有限，只能將有限的時間投入某項特定的任務。即使葡萄牙理論上可以生產的某些東西比英國來得便宜，它也不可能對所有生產成本更便宜的東西都進行生產，因為，以此例而言，葡萄牙人花在織布上的時間，本可以花在生產葡萄酒或其他任何東西上。

　　儘管比較優勢最常用於國際經濟學，但在較小範圍內也同樣重要。在關於分工的章節（參見第6章）中，我們想像有位經理人從管理到保持大樓清潔的各個方面都比員工更有效率，我們可以使用比較優勢來解釋，為什麼他最好將時間花在產出最多現金的事情（亦即管理）上，而將其他效益較低的任務留給員工。

「請說出在所有社會科學中，一個既正確又不容質疑的主張。」
——數學家斯坦尼斯瓦夫・烏拉姆（Stanislaw Ulam）

貿易永遠自由？

　　李嘉圖的比較優勢理論一般被用作支持自由貿易論點的基礎，換句話說，就是取消對進口商品的關稅和配額。據稱，一個國家透過與其他國家進行自由貿易，即使是那些名義上生產商品和服務的效率更高的國家，與關閉邊境相比，對該國的繁榮還是來得更有益處。

　　然而，包括希拉蕊・柯林頓和著名經濟學家保羅・薩繆爾森（Paul Samuelson）在內的人警告，儘管李嘉圖的思想一流，但不再確切適用於現今已然相當複雜的經濟世界。他們特別指出，當李嘉圖在19世紀初提出理論時，人們將資本（現金和資產）移轉海外受到實質上的限制。今天情況並非如此，商人只需輕敲一下鍵盤，就可透過電腦，將價值數十億美元的資產從世界的一方轉移到另一方。

　　奇異公司（General Electric）前首席執行長傑克・威爾許（Jack Welch）曾經談到「你擁有的每一間工廠都在駁船上」──這表明，理想情況下，工廠應該能夠遷移到人力、材料和稅收成本最低的地方。如今，這種情況可說已成現實，因為公司不再像李嘉圖時代那樣，須與特定國家掛鉤，而對於勞工和現金，是愛轉移到哪就能轉移到哪。有些經濟學家說，實際上，這導致工資迅速下降，某些國家的人民最終處境比其他國家更慘。相反的論點是，從

「那就是比較優勢。沒必要在數學家面前爭論它在邏輯上的正確性；而它並非可有可無，因為數以千計的重要的聰明之士都未能夠掌握這個理論的要點，或者不相信這個理論。」

──美國經濟學家保羅・薩繆爾森回應烏拉姆

報酬來看，將某些職務轉移海外的國家，會因為公司利潤升高而受惠，這些利潤被重分配給投資人，而且物價也比較低。

　　某些人則認為，比較優勢理論太簡單，尤其是假設每個市場都處於完全競爭型態（實際上，內部保護主義和壟斷，讓市場並非是完全競爭型態）、充分就業，並且失業勞工很容易轉換到其他可以有同樣產能的工作。有些人抱怨，正如比較優勢理論所表明，如果經濟體專精於特定產業，將顯著降低其經濟多元性，極易因環境變化而受影響，例如消費者突然不再喜好其產品。在咖啡占出口量六成的衣索比亞，海外需求的變化或歉收，將使其經濟地位走下坡。

　　儘管如此，大多數經濟學家認為，比較優勢仍然是最重要和根本的經濟觀念之一，因為它是世界貿易和全球化的基礎，證明國家可以透過向外發展而不是內求來變得更繁榮。

一句話說比較優勢

專業化＋自由貿易＝雙贏。

第 2 部

經濟學思潮
THE MOVEMENTS

08 資本主義
Capitalism

柏林圍牆倒塌，對很多人而言意味著很多事。對政治學家法蘭西斯・福山來說，這是標誌著「歷史終結」的時刻。對東歐及其他地區的數百萬人來說，這宣布了前所未有的自由和繁榮。對於影星大衛・赫索霍夫（David Hasselhoff）來說，這是他振奮人心的短暫音樂生涯中一場偉大的音樂會。

但最重要的是，圍牆倒下的那一刻對經濟結構和運作方式的意義。對大多數觀察者來說，蘇聯解體無爭議地證明市場經濟是管理一個國家、使國家繁榮且讓人民幸福最好的方式。這是資本主義的勝利。

資本主義可能比其他任何經濟學模式都遭受更多批評。事實上，這個名字最初是社會主義者和馬克思主義者在19世紀巧妙構思的一個貶義詞，指的是現代經濟生活中最引人反感的面向。列舉三項，就有：剝削、不平等和壓迫。在資本主義早期，這種模式受到教會抨擊，因為資本主義以利潤和金錢為優先，被認為是對教義的威脅。更長久的批評是，資本主義產生不平等，助長失業和不穩定，景氣有起起落落的趨勢。有人警告說，資本主義沒有考慮到它對環境的影響（參見第46章）。

一種混血的制度

資本主義是資本（用於生產商品和服務的公司、設備和結構）不歸國有，而由私人擁有的制度。這意味著擁有公司的是大眾，其透過購買股票或

購買債券來成為公司關係人。有時人們會直接這樣投資；更多是由退休基金來代表他們進行投資。幾乎每個主要經濟體的公民都透過退休基金在不知不覺中擁有大公司的股份，這意味著理論上每個人都樂於看到公司成長茁壯。

　　大多數經濟學教科書實際上並沒有費心去為資本主義下定義。或許這是可以理解的。不像共產主義這種純粹的、相對單一面向的經濟制度，資本主義是一種混血制度。資本主義複雜而多面，借鑑了其他許多制度，而且很難被局限於某個精確定義。不僅如此，作為世界上大多數國家賴以生存的經濟制度，試圖對資本主義下定義似乎是沒道理的。

　　由於主導經濟的是人民而不是政府，資本主義通常與自由市場齊頭並進。但除此之外，資本主義經濟還可以有許多不同的面貌。

　　在實務上，如今我們傾向稱為資本主義經濟體的美國、英國和其他歐洲國家，以及許多發展中國家，更適合描述為「混合經濟體」，結合了自由市場與政府干預。完全自由的經濟通常被稱為自由放任（laissez-faire），這詞來自法語，意思是「讓（他們）做（他們選擇的）」，這種制度從未存在過。事實上，正如這個想法的沿革所顯示的，大多數經濟強國的市場自由度，實際上還不如前幾世紀來得開放。

10 世紀	15 世紀	18 世紀	1989
封建制度站穩腳跟。	重商主義成為主導思潮。	工業革命開啟資本主義時代。	柏林圍牆倒塌，資本主義在前共產世界傳布開來。

壟斷和其他問題

批評資本主義的人警告，資本主義往往傾向於**壟斷**（一家公司獨占某個產業）、**寡占**（一群公司共同有效的壟斷某個產業）和**寡頭壟斷**（經濟由少數有權有勢的人操縱）。 這與完全競爭形成鮮明對比，在完全競爭市場，買家總是有大量的替代產品可供購買，公司必須相互競爭才能贏得顧客。壟斷阻礙經濟達到完全健全，政府花了大量時間試圖確保公司既不會合作成為卡特爾（cartel，即壟斷聯盟），也不會大到能主導整個產業。問題是，相較於有競爭對手的結構，壟斷型企業能向客戶收取更高的費用，這會讓他們不去思考削減成本並提高效率，反過來又阻礙了創造性破壞的法則（參見第36章）。

資本主義的演變

最早期形式的資本主義由中世紀歐洲的**封建**制度演變而來。農業勞動者必須為地主士紳的利益而勞動。封建制度於16世紀後期被**重商主義**取代。重商主義是資本主義被承認、但尚不成熟的早期版本，由不同國家之間的貿易和歐洲人在美洲發現能賺錢的資源所帶動。經營這些貿易路線的人變得非常有錢，歷史上第一次有平民開始靠自己的力量賺錢，而非靠富有的君主或貴族金援。

「資本主義的內在邪惡是不公平分配幸福；社會主義的內在美德是公平分配痛苦。」

——溫斯頓・邱吉爾（**Winston Churchill**）

　　這是一次決定性的蛻變，儘管亞當・斯密對重商主義的細節提出很多問題，但驅動重商主義的力量，亦即個人可以透過貿易而獲利，是他在《國富論》中所擁護的資本主義的關鍵準則之一。當時的貿易商比現今更受國家鍾愛，它們被允許壟斷經營，並得到政府的關稅保護。然而，兩百年演變下來，法律結構（包含私有制度、股份公司）以及獲利和競爭的經濟準則是現代資本主義的基礎。

　　到19世紀，主要的財富創造者不再是商人，而是被實業家和工廠主取代，許多人認為這是自由市場的黃金時代。與當今的美國和英國相比，當時它們對市場和貿易的限制更少，政府干預也更少。然而，一些行業有壟斷的趨勢，以及1930年代大蕭條（the Great Depression）及隨後的第二次世界大戰帶來經濟和社會創傷，促使政府更干預經濟，將某些特定部門國有化並為公民建立福利國家（welfare state）。就在1929年華爾街崩盤之前，美國的政府支出占全國經濟產出的比例低於十分之一；四十年後約占三分之一；如今則約占36%，而且比例還在迅速上升。要準確理解為什麼這樣的躍升會出現，請看下一章討論的凱因斯主義。上個世紀資本主義的故事基本上是圍繞著政府應該花多少和干預經濟多少的問題展開。

「由歷史觀之，資本主義是政治自由的必要條件。」

—— 米爾頓・傅利曼（Milton Friedman）

資本主義與民主

　　資本主義制度對政治和自由具有重要意義。資本主義本質上是民主的。透過由看不見的手發揮作用；透過鼓勵企業家努力幹活和提高自己的價值；透過個人決定什麼對自身最有利、而非由國家決定什麼對人民最有利；也透過允許股東控制公司，資本主義高舉了在社會中的個人民主和投票權，其他自上而下控制的政治制度根本無法做到。非資本主義社會幾乎只會走向非由選舉產生的獨裁政權，這絕非巧合。然而，就現代中國而言，曾有許多人預測中國採行自由市場制度後，最終將迎來走向民主的道路。

　　正如民主社會在國家干預和個人權利之間持續拉扯，資本主義也有一場重要的辯論甚囂塵上：允許某些富人太有錢，對於其他人有多不公平。然而，很少有經濟學家不同意以下論點，即在資本主義制度下，經濟狀況變得更富有、更健全、發展更快、創造了更先進的技術，並且通常比其他制度的政治生活更安定。當柏林圍牆和蘇聯垮台時，所有人都清楚地知道，資本主義使西方經濟比從前在共產主義統治下的經濟更健全。因此，一位又一位經濟學家得出結論，儘管資本主義存在許多缺陷，仍然是我們已發現能推動現代化、繁榮經濟的最佳手段。

一句話說資本主義

推動經濟運作最不壞的方式。

09 凱因斯主義
Keynesianism

凱因斯經濟學的核心是財政政策（政府稅收和支出）應該被用作控制經濟的工具。這是20世紀最偉大的思想家之一、英國經濟學家約翰・梅納德・凱因斯（John Maynard Keynes）所支持的理論，其思想有助於形塑現代世界經濟，至今仍廣受尊崇和追隨。

凱因斯的代表作《就業、利息和貨幣的一般理論》（*The General Theory of Employment, Interest and Money*，1936）直接回應了經濟大蕭條。他認為，政府有責任在經濟受創時期幫助維持經濟運作，而這責任至凱因斯的時代一直未受重視。這是對法國經濟學家讓－巴蒂斯特・薩伊（Jean-Baptiste Say，1767—1832）所提觀點的指責，即「供給會創造其自身需求」形成了經濟的整體樣貌，這意味著僅僅生產商品就會引發對商品的需求。

1929	1933	1936	1970 年代	2008
華爾街崩盤導致股市暴跌並引發經濟大蕭條。	羅斯福總統宣布了新政這項目的為抑制大蕭條的政府工作計畫。	凱因斯在《就業、利息和貨幣的一般理論》中指出，政府應該在經濟衰退時期借入更多資金。	西方國家為了對抗通貨膨脹，凱因斯主義不再受青睞。	世界各國政府為對抗經濟衰退而增加貸款及財政支出，凱因斯主義思想回歸。

約翰‧梅納德‧凱因斯（1883—1946）

凱因斯是一位有機會將理論落實的經濟學家，這很難能可貴。朋友們稱他為梅納德，是一位著名的知識分子，並成為布盧姆茨伯里派（Bloomsbury Group）的一員，該團體還包括作家維吉尼亞‧吳爾芙（Virginia Woolf）和E.M.福斯特（E.M. Forster）。他在第一次世界大戰中擔任財政大臣的顧問，但在戰後才真正成名。他有先見之明地警告，《凡爾賽和約》的苛刻條款可能會導致德國惡性通貨膨脹，並可能發生另一場大戰。當然，歷史證實了他的看法。

凱因斯在股票市場上賺了一筆，儘管他在1929年的大崩盤中大部分賠掉，而他貨幣投機方面的運氣則是時好時壞。

在二戰後不久凱因斯去世，之前透過談判從美國獲得了一筆重要貸款，並幫助設計國際貨幣基金和世界銀行這兩個主要的國際經濟機構，其在接下來幾十年塑造了世界經濟。

推動經濟

在經濟大蕭條之前，是假設經濟在很大程度上是自我調節（self-regulated），亦即看不見的手（參見第1章），任其自行決定，就會自動將就業和經濟產出提高到最適水準。凱因斯強烈反對這個看法。他說，在經濟低迷時期，商品需求的下降，可能導致不景氣，引發經濟緊縮並推高失業率。政府有責任透過借入現金和支出來推動經濟，公部門雇用工作者，並將借來的錢投入公共基礎設施項目 —— 例如建設公路和鐵路、醫院和學校。降息可以在一定程度上促進經濟成長（參見第18章），但這並不是答案的全貌。

　　根據凱因斯的看法，政府多花費的錢會逐步在經濟中發酵、擴散。例如，修建一條新高速公路為建商創造了工作機會，員工會再進一步把錢花在食品、商品和服務上，這反過來又有助於保持更大範圍的經濟運作。他論證的關鍵是乘數（multiplier）的概念。

　　假設美國政府向海軍船艦製造商諾斯羅普格魯曼公司（Northrop Grumman）訂購了一艘價值百億美元的航空母艦。你可能會認為這樣做的效果只是將100億注入經濟。在乘數論點下，實際效果會更大。諾斯羅普格魯曼雇用更多員工，創造更多利潤；勞工花更多錢在消費品。根據一般消費者的「消費傾向」（propensity to consume），這可能使經濟總產出增加的幅度遠超過政府實際注入的資金數量。

　　如果這100億使美國經濟產出共增加50億，乘數就是0.5，如果增加150億，乘數就是1.5。

六大信條

　　根據前美國總統經濟顧問艾倫・布林德（Alan Blinder）的說法，凱因斯主義背後有六大信條：

1. 凱因斯主義者認為，一個經濟體的成果受公共和私人決策兩方面的影響，有時表現得並不規律。

「現在我們真的都是凱因斯主義者。現代總體經濟學家所做的事情很大一部分直接來自《就業、利息和貨幣的一般理論》；凱因斯開創的架構至今仍然保持成功。」

—— 美國經濟學家保羅・克魯曼（Paul Krugman）

2. 短期很重要，有時甚至比長期更重要。從長遠來看，短期的失業率上升可能會造成更大損害，因為對一國的經濟造成永久性影響。正如凱因斯的名言：「從長期來看，（屆時）我們都已死去。」（In the long run, we are all dead.）

3. 價格，尤其工資對供需的變化反應緩慢，這反過來意味著失業率往往高於或低於經濟實力所應有的水準。

4. 處於經濟衰退和蕭條等經濟困境時，失業率通常過高且不穩定，看不見的手無法對缺乏吸引力的機會做出有效的市場反應。

5. 政府應積極嘗試讓經濟自然的繁榮與蕭條穩定下來。

6. 凱因斯主義者往往更關心解決失業問題，而不是通貨膨脹問題。

有爭議的理論

凱因斯主義一直有爭議。許多批評者質疑，我們假設政府最了解如何管理經濟的基礎是什麼？經濟波動真的如此危險嗎？儘管如此，凱因斯的論點似乎為1930年代的大蕭條提供了解方，而羅斯福（Franklin D. Roosevelt）為應對危機而推出新政（New Deal），在經濟衰退期間花了數十億美元，被視為政府「推動經濟成長」的典型案例。至於最終結束大蕭條的，究竟是新政還是二次世界大戰，爭論仍然激烈，但政府支出的有效性，是不可忽視的強力訊息。

在《就業、利息和貨幣的一般理論》出版之後，世界各國政府大幅提高了公共支出水準，部分原因是出於社會層面，亦即建立福利國家以處理高失業率的後果；部分原因是凱因斯主義經濟學強調政府對關鍵經濟部門保持控

制的重要性。

在相當長的一段時間內，凱因斯主義似乎奏效，通貨膨脹和失業率相對較低，經濟強勁擴張，但在1970年代凱因斯主義政策受到抨擊，尤其是來自貨幣學派（monetarists）的抨擊（參見第10章）。其主要論點之一是，政府無法透過定期調整財政和貨幣政策以保持高就業率來「微調」經濟。因為，了解到有這樣的政策（例如減稅）的需求，到政策實際產生效果之間存在太長的時間差，即使政策制定者迅速發現問題，起草和通過法律也需要時間，而且減稅的效果能滲透到更大的經濟範圍中，又需要更多時間。當減稅措施真正產生效果時，它們想解決的問題可能已經惡化或消失。

然而，有些諷刺的是，在2008年金融危機之後，凱因斯回歸舞台。降息顯然不足以防止美國、英國和其他經濟體陷入衰退，凱因斯主義經濟學認為政府應該借錢來減稅和增加支出，各國政府這樣做，被普遍視為嚴重違背二十多年前的觀點（編按：指盛行於1970與1980年代，強調政府少干預的新自由主義）。無論如何，凱因斯回來了。

一句話說凱因斯主義
政府須以財政支出因應嚴重經濟衰退。

10 貨幣學派
Monetarism

凱因斯與傅利曼之間的經濟論辯沒完沒了。這不僅是因為兩位都非常聰明，經常針鋒相對；也不只是他們來自如此不同的背景，一個是受過伊頓公學教育的英國人，另一個是在布魯克林出生的匈牙利猶太移民之子。事實是，這兩人代表著全然相反的主張。他們代表過去五十年經濟學背後的意識型態之爭。

凱因斯更關注失業，而不是通貨膨脹，並提醒國家可以透過一定程度的干預來改善經濟；傅利曼則認為應該讓人們自行決定，政府的主要作用是監督和控制與經濟相關的資金流動。傅利曼在與安娜·舒瓦茲（Anna Schwartz）合著的開創性著作《美國貨幣史》（*A Monetary History of the United States 1867–1960*）中，闡述了貨幣學派理論。

對抗通膨是一貫要務

傅利曼認為「通貨膨脹始終是一種貨幣現象」。簡而言之，政府將透過向系統注入額外的資金（凱因斯主義者傾向於這樣做）來推升通膨，冒著為經濟帶來重大痛苦的風險。傅利曼認為，如果中央銀行負責維持對物價的控制，那麼經濟大多數的其他方面，包括失業、經濟成長、生產力，差不多都能維持一定的均衡。

雖然凱因斯曾斷言，很難說服工人接受較低工資，但古典貨幣學派理論

卻相反：面對不斷上升的通貨膨脹，工人的所得較低和公司的物價較低是可以接受的。傅利曼認為，經濟成長率可以透過控制中央銀行印製的貨幣數量來決定。印更多現金，人們就會花更多錢，反之亦然。這種態度與輕描淡寫金錢重要性的凱因斯主義相去甚遠。這也標誌著政治上重要的背離：凱因斯認為政府該嘗試透過財政政策來調整經濟；而傅利曼則主張讓獨立的中央銀行以利率來調節經濟（儘管有某些嚴格的規則）。

傅利曼說，在經濟低迷時期，央行應透過向系統注入更多資金來防止通貨緊縮。基於這個理由，他認為，在經濟大蕭條前夕，美國聯準會犯了一個錯誤，就是對美國銀行的壓制過於嚴厲，讓太多銀行倒閉，這反過來又使經濟衰退得更嚴重。事實上，他指責聯準會將原本可能是輕微的衰退惡化成了最終的蕭條。

時機成熟，冷門理論翻紅

傅利曼的論點與許許多多激進的自由市場建議一起提出，包括自願服役、允許匯率自由浮動、引入教育券、將社會安全私有化和徵收負所得稅

1912	1971	1980 年代	2006
米爾頓・傅利曼出生。	傅利曼及安娜・舒瓦茲合著的《美國貨幣史》出版。	傅利曼的思想受到大西洋兩岸的雷根和柴契爾政府的支持。	傅利曼去世。

米爾頓・傅利曼（1912—2006）

傅利曼是現代經濟學界最有影響力的思想家。他生於紐約布魯克林一個匈牙利猶太裔貧窮家庭，在學期間表現優異，在羅格斯大學畢業後於芝加哥大學修讀碩士。芝加哥大學在其影響下，成為世界首屈一指的經濟學術研究論壇。期間，他為聯邦政府工作，並一度崇尚凱因斯式的政府支出政策。1960年代，他的貨幣學派主張大放異彩，並於1976年榮獲諾貝爾經濟學獎。

（negative income tax，亦即以所得稅代替社會福利，給予低收入者補助），起初並不受當權派的關注。畢竟在1960年代凱因斯主義似乎運作得不錯：經濟穩定成長、低通膨，且失業率受控制。而這位聲稱這些政策可能會推升通膨和失業率的年輕經濟學者傅利曼，當時還是個名不見經傳的後生小輩，人微言輕。而從傳統經濟學的菲利普曲線（Phillips Curve）來看，他的推論幾乎不可能成立（參見第22章）。

隨後1970年代的石油危機（oil shocks）和經濟動盪登場。西方世界經歷了停滯性膨脹、經濟疲軟、通膨和失業雙升——對此，凱因斯經濟學似乎提不出有效對策，這就為傅利曼的理論登場開了路。他曾預測到這樣的結果，並提出一個解決方案：要對抗通膨，而不是失業。

大西洋兩岸的政界慢慢接受了這個學說。在1980年代，聯準會主席保羅・沃克（Paul Volcker）帶領美國度過了痛苦和創傷性的經濟衰退，使物價重新得到控制。在英國，即將上任的首相瑪格麗特・柴契爾（Margaret Thatcher）對貨幣學派的論述表示歡迎。在德國，德意志聯邦銀行也開始特別關注印鈔的速度。

貨幣學派的問題

　　問題在於，無論傅利曼的理論是否正確，事實證明，要找到衡量貨幣成長（即在經濟體中流動的貨幣量）的適當標準很困難，以至於將理論付諸實踐實在是一大挑戰。通貨膨脹可能是一種貨幣現象，但流通中的貨幣量經常因與通貨膨脹無關的原因而升降。例如，當金融界或華爾街專家設計一種新型金融工具時，通常會推升系統中的貨幣量。然而，在塵埃落定之前，很難甚至不可能判斷出是受什麼因素所推動，然而央行主席已經不得不做出升息／降息的決定。這意味著，實務上，除了歐洲央行之外，其他所有人都放棄嘗試控制流通貨幣數量，歐洲央行仍在控制通膨的目標上維持此一作法。

　　沃克在聯準會的繼任者艾倫・葛林斯潘（Alan Greenspan）雖然自稱是自由市場信奉者，非常敬重貨幣學派，但也對忽視貨幣統計數據有責任，以至於聯準會實際上在幾年前就停止發布貨幣成長數據。

貨幣學派與凱因斯主義

　　關於傅利曼和凱因斯之間的辯論，結果就像大人物之間的較量經常出現的情況一樣落入平局。現代央行在決定政策時，傾向同時關注貨幣指標和更傳統的指標。儘管在20世紀90年代末和21世紀初對貨幣的關注有所減弱，但最近又重回焦點，經濟學家聲稱貨幣成長的下滑有助於解釋2008年次貸危機

「傅利曼的貨幣架構影響極大，以至於至少在大輪廓上幾乎等同於現代貨幣理論。」

──柏南克（Ben Bernanke）

後的經濟衰退。

另一方面，以下想法日益達成共識：由傅利曼提出、在1980年代受到柴契爾夫人和雷根總統所支持的政策，包括開放金融市場、抑制通貨膨脹和貨幣成長、給公司更多貸款和雇用／遣散員工的自由，實際上是引發金融危機時債務積累的部分原因。正如經濟學評論家馬丁‧沃爾夫（Martin Wolf）在英美陷入衰退前不久所說的：「就像凱因斯的思想在1950、60年代和70年代備受考驗而削減影響力，傅利曼的思想可能在80、90和00年代遭受類似命運。如果一個人信仰過頭了，反而會讓所有的神明都失效。」

至於這兩個人本身則從未見過面。唯一一次接觸是在1930年代，當時傅利曼向《經濟雜誌》（Economic Journal）提出了一篇論文，凱因斯時任該期刊編輯。這篇論文相當刻薄地攻擊凱因斯的劍橋經濟學教授皮古（A.C. Pigou）。凱因斯把論文拿給皮古看，後者不同意文中的批評，所以凱因斯寫信給傅利曼，告知論文不予發表。「那是我從凱因斯那裡收到僅有的兩封信中的一封，」傅利曼後來回憶說：「另一封，我也被拒絕了！」

一句話說貨幣學派
要控制貨幣成長。

11 共產主義
Communism

幾年前，BBC（英國廣播公司）請聽眾票選最喜歡的哲學家。隨著選票如潮水般湧來，一開始就有一些哲學家明顯受偏愛，如柏拉圖、蘇格拉底、亞里斯多德、休謨和尼采，但隨著記票開始，很快就發現，英國最受歡迎的哲學家榮銜有一位明確的得主：卡爾・馬克思（Karl Marx）。

不久之後的2008年末，一位德國出版商報告，馬克思的巨著《資本論》（*Das Kapital*）銷量飆升至數十年來的最高水準。

這個激進的日耳曼移民，想法和預測一次又一次被證明是錯誤，並且似乎在柏林圍牆倒塌之際便銷聲匿跡了，為什麼仍然如此受歡迎？尤其是在一個不僅拒絕社會主義、更成為世界上最奉行自由市場的國家，他的著作為什麼會引起如此大的回響？

著名的理論

馬克思的關鍵論點是，社會正處於演進的過程，從較不複雜、較不平等的經濟體系邁向理想的最終目的地。從封建制度開始，透過重商主義進入現代資本主義制度，人類社會自然很快就會走向更公平、更烏托邦的制度。他認為，那就是共產主義。

在共產主義社會中，財產和生產資料（工廠、工具、原料等）將不屬於個人或公司，而是屬於每個人。最初，國家將擁有和控制所有公司和機構，

自上而下地對其管理，並確保公司不會壓迫勞工。然而，最終國家將「消亡」（wither away）。馬克思說，這代表了人類社會的最後階段，幾千年以來作為國家劃分階級的壁壘將消失。

階級衝突

在馬克思和摯友弗里德里希・恩格斯（Friedrich Engels）於1848年的《共產黨宣言》提出共產主義之前，已有不少人提出過許多形式的共產主義，例如1516年英國作家、政治家湯瑪斯・摩爾（Thomas More）在《烏托邦》（*Utopia*）一書提到。到19世紀初，歐洲和美國已經出現了各種共產主義社區。

然而，馬克思的觀點是，當全世界的勞工起來反抗並推翻政府，以建立一個更公平的社會，共產主義將被全球採用。他這樣想的理由是，既有資本主義制度顯然不公平，擁有更多資本（財產）的有錢人犧牲普通勞工的權益來變得更有錢。他聲稱人類歷史是一部階級鬥爭史，先是貴族與崛起的資產階級（資本中產階級擁有越來越多生產資料）之間的衝突，再來是資產階級與無產階級（為資產階級工作的勞工階級）之間的新衝突。

1848	1867	1883	1917	1949	1991
馬克思和恩格斯的《共產黨宣言》出版。	《資本論》首卷印行。	馬克思在倫敦去世。	俄國革命使列寧掌權，導致蘇聯成立。	毛澤東建立中華人民共和國為共產國家。	在米哈伊爾・戈巴契夫的領導下，蘇聯解體。

卡爾‧馬克思（1818—1883）

馬克思出生於一個中產階級的猶太新教家庭，大部分時間都在大學或寫作中度過。他在波昂大學和柏林大學讀法律、歷史和哲學，並發表了一篇關於希臘哲學家伊比鳩魯的論文，他受政治學理論所吸引。畢業後，1842年他在一家具有革命傾向的報紙擔任編輯，受到政府多次審查。報社倒閉後，他搬到了巴黎，在那裡他遇到了實業家恩格斯，後來在1848年與恩格斯一起寫了《共產黨宣言》。馬克思被驅逐出法國和比利時，之後一直在倫敦生活，直到去世。

他在極大程度上得到了朋友、尤其是恩格斯的慷慨支持。當他於1883年去世時，巨著《資本論》第二卷和第三卷尚未出版，後來是恩格斯根據他的筆記整理，才得以出版。馬克思被安葬在倫敦的海格特公墓。

　　馬克思理論的核心是勞動價值理論。《資本論》（1867）闡述了這個想法，一件商品值得某個人花費一段時間來生產。由此看來，比方說，一件夾克的縫製時間是一條褲子的兩倍，其價值也應該是兩倍。然而，他主張公司的經營者侵吞了不成比例的利潤。馬克思認為，老闆未被追究的原因是擁有生產資料，因此能夠剝削勞工。勞動價值理論能在多大程度上站得住腳，還是個問號。然而，這個理論受到的普遍推力仍未減少：土地和資本的有無，造成了人們彼此財富和機會的重大差距。

　　今天，《共產黨宣言》的讀者可能會驚訝於其所描述的世界存在一個半世紀以前。那似乎是一個非常現代化的世界，全球化、縮小規模、大型國際企業……等等。馬克思描繪了一幅藍圖，資本家之間的競爭變得越來越激

烈，最終大多數資本家不是破產，就是被別的資本家接管，只剩下一小部分
壟斷者控制著幾乎整個生產體系，而壟斷者又將擁有幾乎無限的權力去剝削
勞工。他還預測，由於資本主義本質上是無秩序的（chaotic），隨著時間推
移，很容易出現較大的繁榮和蕭條，繼而導致重大的經濟衰退和失業率大幅
上升。這種困境，加上每天做同樣重複性工作的苦差事，最終會讓無產階級
難以承受，革命就會隨之而來。

現代世界中的共產主義

　　20世紀曾有個階段，世界上約有一半人口受到聲稱奉馬克思為政治指路
明燈的政府所統治。然而，到20世紀末，只有幾個頑固守舊的獨裁政權仍堅
守純粹共產主義路線。為什麼這個理論禁不起時間的考驗？

　　部分原因是馬克思對資本主義最終演進的看法錯了。資本主義沒有淪為
壟斷體系（至少現在還沒有），部分歸功於政府的管制，部分則歸功於看不見
的手（參見第1章）。處處是失業者的情況並未發生，儘管繁榮和蕭條仍在繼
續（參見第31章），政府的控制與資本主義肆無忌憚的勢力都要對此負責。

　　在社會主義革命之後，「走上共產主義道路」的國家中，嚴格說來，幾乎
沒有任何一國符合馬克思的標準，這些國家大都是農業、低收入、未開發國
家，例如蘇聯和中國。

「共產主義理論可以概括 一句話：消滅私有財產制度。」

—— 卡爾・馬克思

20世紀對馬克思主義的實驗也凸顯了其固有的缺陷。最重要的是,事實證明,由中央控制經濟非常困難,即使做得到。當鐵幕在1990年代崩毀,前蘇聯國家向西方敞開大門時,很明顯,儘管冷戰時期自吹自擂,這些國家仍處於開發中階段。

當供需法則的力量創造了能快速產生財富、充滿活力的經濟,相對的,蘇聯和中國僵化的中央控制經濟制度則扼殺了創新。公司之間少了競爭這種自由市場的基本驅動力,經濟只是在官僚推動下向前發展。蘇聯人真正擅長的只有軍事和航太創新這個領域。引人注目的是,這是冷戰中唯一存在與西方公開競爭的領域。

一句話說共產主義
一個吃大鍋飯、完全由國家控制的社會。

12 個人主義
Individualism

歷史上是馬克思第一次語帶厭惡說出「個人崇拜」一詞，但到了20世紀後期，個人選擇（individual choices）是經濟決策中最重要一環的觀點已經占據主導地位。這種哲學是柴契爾主義和雷根主義的種子，且都源於一個歐洲小國：奧地利。

　　儘管經濟學是研究人們為什麼做出某些決定，但為了方便起見，古典經濟學傾向強調人們通常行動步調一致。例如，當一種新款洋芋片上架並大受歡迎時，就是因為它吸引了消費者。然而，誕生於19世紀後期、並在20世紀主導世界經濟學潮流的奧地利學派，則專注於分析每個人決定購買特定產品的具體原因。

　　主流經濟學過去（現在仍然是）傾向自上而下的研究，透過使用總體指標（換句話說，將不同部分加總為整體），例如國內生產毛額和通貨膨脹。奧地利學派則恰恰相反，強調個人決策應該放在首位。畢竟，只有個人才能行動；國家、公司和機構沒有自己的思想 —— 它們是一個集合的實體，由許多不同的個人組成。

「沒有社會這種東西，而是個別的男人和女人，還有家庭。」

—— 瑪格麗特・柴契爾

　　例如，一個國家的財富或不平等程度等經濟現象，是成千上萬的個人做出選擇的成果，而不是政界人士或大企業協調出一致的政策而成。結果是，可能沒有任何方法可以將不平等降低到一定程度，因為這不是由人類所設計的產物，而是人類行為的展現。

是藝術還是科學？

　　奧地利學派的個人至上理論的基礎是：與其說經濟學是一門科學，不如說是藝術。對於熟悉傳統學術經濟學及圖表、算式的人來說，這樣的想法可能令人驚訝。他們會爭辯說，用經濟模型幾乎可以算出任何事物的百分比，從利率變化、經濟衰退期到明顯超出經濟領域的事物，例如少女懷孕率甚至戰爭的可能性。

　　然而，儘管有許多經濟學者信心滿滿，但這種科學預測往往會出錯。正如前英格蘭銀行行長默文・金（Mervyn King）在提出預測時所警告的那樣，他唯一百分百確定的事，是他們將被證明是錯的，未來沒有辦法準確地預測。

1871	1944	1955	1974
卡爾・門格爾的《經濟學原理》出版。	弗瑞德里希・海耶克出版了奧地利學派重要著作《到奴役之路》（The Road to Serfdom）。	為柴契爾提供大量知識後盾的智囊團——經濟事務學會成立。	弗瑞德里希・海耶克獲得諾貝爾獎。

中央車站的火星人

想像一下，你是個火星人，降落在地球，發現自己在紐約市的中央車站。每天早上八點左右會看到帶輪子的大長方形盒子到來，人們湧入大廳和街道。然後你在晚上會看到成千上萬的人把自己趕回盒子裡。透過每天觀察這種行為，你可以設計出一些關於人類行為相當可靠的「科學」法則，甚至可以準確地預測人們每天會做什麼，卻不了解他們到底為什麼加入這種每天的大規模遷移。你會得出一個「人類相當狹隘」的觀點。這正是奧地利學派對正統經濟學的批評，正統經濟學設計了複雜的模型，且很少考慮個人的決策。這種作法的風險，在於經濟學家過於相信模型，以至於看不到人們決策背後不可告人的動機。

　　儘管奧地利學派之父卡爾・門格爾（Carl Menger，他的《經濟學原理》〔*Principles of Economics*〕於1871年出版）堅持經濟學仍然是一門社會科學，目的是將人的行為以一個邏輯架構和一組模式來分析，但他的主要目的是強調經濟學的無秩序本質。考慮到這一點，奧地利經濟學家盡可能避免在研究中插入數字和方程式，這導致他們的許多論文被專業期刊拒絕，理由是「內容的事實、數字或方程式」不足。

「一個不承認每個人都有權遵循自己價值觀的社會，就不會尊重個人尊嚴，也不會真正了解自由。」

——奧地利經濟學家弗瑞德里希・海耶克

普遍化陷阱

正如門格爾的後繼者、來自奧地利的諾貝爾獎得主弗瑞德里希・海耶克（Friedrich Hayek）所觀察到的，每個人都是不同的，因此儘管人們可能會受到完全相同的對待，每個人回應的方式可能會有很大差異。他主張，確保平等的唯一方法是「予以區別對待」。因此，法律面前的平等和物質上的平等不僅有所不同、而且相互衝突；我們可以實現其中之一，但不能同時實現。

以店鋪老闆為例，正統經濟學的首要假設之一是他想在一天中最大化其利潤，畢竟，自利因素是亞當・斯密所制定的最重要法則之一（參見第 1 章）。然而，奧地利學派經濟學家會指出，店裡的銷售量很容易就取決於老闆決定早點或晚點開門，抑或因為厭惡某個人而拒絕賣東西給他。諸如此類的個人因素，決定了這個店鋪老闆的行為，並且以整體而言，決定了全國各地店鋪老闆的行為。

在這位奧地利學派學者看來，供需法則是對導致價格上漲和下跌原因的抽象描述，本身並不是一個原因。正統經濟學家則反駁，所有社會科學都需要進行這樣的抽象化和普遍化，但奧地利學派的主要成就是迫使科學去考量一件事：人的價值觀、計畫、期望和對現實的理解，都是主觀的。

「一旦認識到分工是社會的本質，個人與社會之間的對立就不再存在了。個人原則與社會原則的矛盾消失了。」

——奧地利經濟學家路德維希・馮・米塞斯

個人主義得到證明了？

　　為什麼這個觀點如此重要？警告不要普遍化假設人類行為的學派似乎不如正統經濟學有用，正統經濟學試圖透過做出這樣的假設來預測結果，並為決策者提供解方。然而，奧地利學派的懷疑得到了證實，尤其是因為海耶克和同為奧地利人的路德維希・馮・米塞斯（Ludwig von Mises）是最早預測共產主義傾頹的人之一，他們認為中央計畫經濟的國家將會失敗，因為政府的計畫永遠不會有足夠訊息來了解促使公民做出個人決策的原因。

　　奧地利學派強調讓個人自由選擇的重要性。這種自由放任的理想最終促成20世紀經濟學領域某些最大的改革，雷根總統和柴契爾夫人推動的自由市場改革，至少有部分是受奧地利學派的思想啟發，為他們的「供給面改革」提供了依據（參見第13章）。他們了解到，分析經濟的重點不是自上而下的研究，而應放在個人的需求上。

一句話說個人主義

個人選擇是最重要的。

13 供給面學派
Supply-side economics

當政府提高稅率後，進帳並未增加，實際上還減少了。相反地，降低稅率則會帶來讓總稅收成長。經濟邏輯已經有了翻天覆地的變化。這不是黑魔法，而是供給面學派的大原則。

供給面學派是最具爭議的經濟學理論之一。相關辯論概括了以下兩種人之間的歧見：主張政府更積極分配財富的人和主張個人自由和自由市場的人。

供給面學派關切的不僅僅是稅率，廣義地說，它是指改革經濟的供給面，即生產人們購買商品的機構和公司。在傳統意義上，供應商希望公司更自由、更有效率，會支持公共事業（如水和能源）民營化，削減對陷入困境的行業（如農業和採礦業）的補貼，以及廢除壟斷（如電信公司）。事實上，很少有經濟學家會反對這種目標。

然而，自1980年代以來，供給面學派傾向更具體地支持降低高稅率的觀點，最著名的觀點是美國經濟學家阿瑟・拉弗（Arthur Laffer）在1970年代後期所提出。他認為，人們要繳的稅越多，避稅或不願努力工作的動機就越強。

「當你降低最高收入者的最高稅率時，政府會從他們那裡得到更多的錢。」

——阿瑟・拉弗

拉弗曲線

　　拉弗認為，如果政府不徵稅，（理論上）將沒有收入；如果稅率是100%，因為沒有人會有工作的動力，也不會有錢流入國庫。然後，他畫出一條鐘形曲線（傳說中是在餐巾紙背面），表明政府的潛在最大收入是0到100%之間的某個點。雷根和柴契爾是降低稅收實際上可以增加政府收入這個論點的兩大支持者。

　　該理論特別關注**邊際稅率**（marginal tax rate），亦即一個人每多工作一小時所支付的稅率。包括美、英在內的許多大經濟體的邊際利率約為70%。由於勞工每多掙1英鎊或1美元，真正落袋的只有30%，這顯然會影響人們延長工時的動機。

　　2008年，出現了一個生動案例：英國財政部自1970年代以來首次承諾提高最高稅收水準，規定年收入超過15萬英鎊的人稅率為45%，而之前的最高稅率僅為40%。然而，主要的稅務專家計算，這不會帶來任何額外稅收，因為這會阻止人們延長工時。事實上，他們警告，這樣的措施很容易會減少稅收。

　　問題不僅在於人們會想方設法避免多繳稅，例如把稅籍遷到摩納哥或開

1940 年代	1970 年代	1980 年代初期	1980 年代後期	1994	1995
世界各國政府將稅收提高到前所未有的高水準，以償還戰爭債務並為建立福利制度提供資金。	拉弗提出了拉弗曲線的概念。	柴契爾和雷根接受拉弗的想法。	英國、美國和整個西方世界都在減稅。	愛沙尼亞引入單一稅。	拉脫維亞跟進效仿單一稅。

單一稅

供給面學派的典範是單一稅（Flat taxes），亦即每個人都支付相同稅率。拉脫維亞、愛沙尼亞等前共產主義國家特別積極採用單一稅制。他們發現，繳稅的人更多了，這推高了總稅收，儘管總體稅率降低了。

曼群島等避稅天堂，而且較高的邊際稅率會損害整個經濟體。讓賺最多錢的勞工（通常是工資較高的人）灰心，會把他們趕出這個國家或停止工作，從而減少該經濟體整體的財富創造。如果發生這種情況，表示政府應該考慮減稅或尋求其他激勵措施，把企業留下。

相較之下，低稅率會鼓勵人們工作更長時間，儘管政府從每多賺1美元中的稅收占比會減少。路易十四的財政部長尚－巴蒂斯特・柯爾貝（Jean-Baptiste Colbert）有句名言，稅收是一門「拔最多的鵝毛，聽最少鵝叫聲」的藝術；拉弗曲線說明，政府必須在兩者之間取得平衡，系統化表達了名言真的有道理。

多高才算太高？

最大的問題是，基於拉弗曲線，超過某個分界點，稅率帶來的收入越來越少。要找出分界點坐落在哪裡，當然不是按照1960年代有些人所支付的90%的邊際稅率；也不是15%，這可能導致政府沒錢支付福利國家和社會支出所需。

辯論延續至今，許多左派經濟學家建議上限應超過50%，而政治光譜另

積極的負所得稅（Positively negative）

另一個激進觀點來自傅利曼（參見第10章）。他主張負所得稅。中心思想是國家已經不得不以社會保障和失業救濟的形式將現金重新分配給較貧窮的家庭。如果有負所得稅制度，收入超過一定數額的人照常納稅，而低收入者實際上能從國內稅務部那裡拿到負稅 —— 換句話說，就是立即退稅。負所得稅的想法，是可以消除繁瑣又昂貴的社會安全和失業救濟的基礎建設。

一端的右派則建議上限應低於40%。

全世界不約而同降低邊際稅率。最高稅率為60%或以上的國家數量，從1980年的49國，到世紀之交的只剩三國 —— 比利時、喀麥隆和剛果民主共和國。

拉弗問題

雖然很難對拉弗假設的優美邏輯提出質疑，但能否落實仍然是一大問題。事實上，在1980年代初期，雷根的減稅政策被老布希（George H.W.

「政府徵收的稅越多，人們工作的動力就越少。哪個礦工或組裝工知道山姆大叔會拿走他額外報酬的**60%**或更多時，會欣然接受加班的提議？」

——雷根

Bush）譏為「巫毒經濟學」（voodoo economics）。根據哈佛大學教授傑佛瑞‧法蘭科（Jeffrey Frankel）的說法，「雖然理論上在某些條件下是可能的，但不適用於美國所得稅稅率：降低這些稅率，總稅收會減少，正如常識所表明的」。

事實上，有證據表明，雷根的減稅及小布希（Gerge W. Bush）在2001至2003年的減稅，減少了政府收入，並推高了預算赤字。換句話說，他們沒有經費，最終必須付出代價。供給面學派堅持，政府的錯誤在於選擇削減特定稅收，而非決定降低整體稅收水準。

儘管這項假設直到今天仍然非常流行（也許是因為向政治家承諾能不勞而獲），但一項又一項的研究證明，它是無效的。只有在極端情況，例如稅率非常高的條件下，減稅才能提高總稅收。

儘管如此，毫無疑問，稅收過高會阻礙經濟成長。透過強調這項論點，供給面學派已對全世界有關稅收的理解和建構方式進行了大規模改革。

一句話說供給面學派

更高的稅率意味著更低經濟成長。

14 邊際革命
The marginal revolution

2007年，大衛‧貝克漢（David Beckham）以2.5億美元的身價從西班牙皇家馬德里轉到美國職業足球大聯盟（MLS）俱樂部的洛杉磯銀河隊，轟動全世界。如此大額交易引起廣泛的注目。貝克漢可能是一位出色的足球明星，也可能是足球俱樂部和聯盟的一股行銷吸引力，後者一直在努力和NFL、NBA和其他美國體育賽事競爭。但是，真的嗎？一個人真的值2.5億美元？

　　雖然聽來不太經濟，但實際上付出的代價似乎還滿划算。足球俱樂部如果不期望這筆交易會帶來可觀的利潤，就不會出錢。再說，是大眾認為貝克漢和像他這樣的足球員值得這樣的價格。他們願意為貝克漢的相關產品買單，從印了他名字的足球球衣到他推銷的服飾、刮鬍刀，應有盡有。

1700	1776	1871	1890
早期的重商主義者開始認識到邊際效用的觀念。	亞當‧斯密在《國富論》中引用了水／鑽石悖論。	卡爾‧門格爾提出邊際主義。	阿爾弗雷德‧馬歇爾在《經濟學原理》中將邊際效用普及化。

「邊際」的概念

為什麼我們覺得某個人比另一個人更有價值？偉大運動員可能在運動上表現卓越，但為什麼他們的收入遠高於那些對我們的福祉至關重要的角色，例如老師或醫生？答案可以在經濟學家所說的**邊際**概念裡找到。

大約三百年前，亞當‧斯密在《國富論》中提到了一個與貝克漢案例並無二致的悖論。他問道，為什麼鑽石和水的價格會有如此大的差別？不同於水，鑽石是碳結晶，並非人類生存所必需，儘管非常有吸引力。他推論製造鑽石比起水，需要較多工作，包含開採、切割、拋光等等，這證明了成本是合理的。此外，鑽石是稀缺的，而對於西方世界的大多數人來說，水資源卻很豐富。

同樣的，也只有少數人具備貝克漢那種能踢出弧線射門球穿過人牆、自由球得分的能力。稀缺性推升高價格。然而，這只能解釋一半。畢竟，世界上天賦高的擊劍手也很稀缺，但他們多年下來也不太可能賺到貝克漢的週薪。

19世紀後期的經濟學家（包括奧地利學派的卡爾‧門格爾，參見第12章）提出的悖論的解答 —— 特定事物的價值是主觀的，無論是貝克漢、鑽石還是一杯水，完全取決於人們在特定時刻如何看待這件事物。這點聽起來很簡單，但結果卻有革命性。之前，人們認為某物具有內在價值；在邊際革命之後才看清楚，事物只有在有人想要的情況下才有價值。

吃到飽餐廳

大多數人都曾在某個時刻受提供無限量自助餐的吃到飽餐廳所吸引。你先付錢，比如說10.99美元，然後大快朵頤。用經濟學術語來說，總成本保持不變，皆為10.99美元；但邊際成本是零，換句話說是每多出來的一部分不用錢，因為你多花費的成本是零。然而，食物提供的實際享受和滿足感（經濟學家稱之為「效用」）隨著我們變得越來越飽，甚至可能越來越難受而減少。

因此，當多出來的一部分的邊際成本為零時，邊際效用起初很高，接著下降。同樣的原則在經濟學中普遍適用。人會傾向從第一次消費某種特定商品中獲得更多的享受，但之後的回報會減少。就像集郵的人第一次集到黑便士（Penny Black，世界上第一枚帶背膠郵票）時，要比他第二次、第三次或第四次來得更開心，是一樣的道理。

邊際效用

讓我們回到那杯水。對於在沙漠中口渴了幾天的人來說，這杯水是無價的；為了這杯水，可能會付出任何數量的現金，甚至是鑽石。但這個人可以喝的水越多，願意付的就越少。我們需要確定的不是世界上所有水的價值，而是每杯特定的水的價值。一個人每多喝一杯所獲得的滿足感，就是經濟學家所說的每杯水的**邊際效用**（marginal utility）。

由於上述商品的邊際效用上升或下降，因而價格上漲或下降的例子不勝枚舉。石油價格在21世紀初跌至每桶僅20美元左右，但不出幾年就飆升至每

桶100美元以上，一度觸及140美元。快速成長的經濟體對石油的需求加劇了對供應不足的擔憂，意味著人們願意付更高價格。然後，僅僅幾個月，隨著世界經濟陷入衰退，油價再次暴跌至每桶40美元以下。

邊際效用的概念被另一位偉大經濟學家阿爾弗雷德‧馬歇爾（1842—1924）發揚光大，他提出了消費者考量邊際效用而做決定的想法。在他之前，注意力更集中在供給而不是需求上，但他認為這種片面的研究法類似於試著用一把剪刀的一個刀片剪一張紙（紙就是價格）。馬歇爾強調，還應考量消費者的需求，而不是考慮某樣東西，例如一杯水有特定的價格，價格由供應商採購和裝瓶的成本決定。他認為，消費者會購買一種產品，需要符合三種考量：首先看起來對他們有吸引力；其次是負擔得起；第三是與其他商品相比價格合理。這些考量中每一個都會影響邊際價格，無論是一杯水還是國際知名足球選手，皆是如此。

思考邊際效用

馬歇爾強調的是邊際，人們做某些事情，無論是製造燈泡還是為了第二天的考試而死記硬背，只要那些多出來的工作或燈泡很值得。到某個階段，睡覺會比熬夜工作更理智；同樣地，製造新燈泡的收入將低於生產成本。人人都會邊際思考，這是務實的行為方式。因此，經濟是以漸進調整的方式運作，而不是一步到位的大躍進。邊際革命揭示了經濟演進的真正本質。

「我們是以邊際來做經濟決策，而不是從整體狀況著眼。」
　　　　——奧地利經濟學家歐根‧博姆—巴維克（Eugen von Böhm-Bawerk）

　　雖然所有人都是天生的邊際主義者，但是馬歇爾確立了邊際效用的概念，成為經濟學基礎的一部分。現在，這些想法啟發了世界各地的商業計畫。邊際效用則是商業運行的核心。

　　貝克漢的比喻也沒有就此結束。在這位足球員轉會兩年後，義大利俱樂部AC米蘭來借人。這場紛爭再次凸顯了邊際效用考量的重要性。AC米蘭認為，對於球員來說，付給固定的帳面價值就足夠了。但洛杉磯銀河首席執行長蒂姆·雷維克（Tim Leiweke）則指出：「AC米蘭對此有所不知，在事情的背後，有許多球迷會放棄訂閱，而贊助商則會要求賠償。」這是思考邊際效用的典型案例。

一句話說邊際革命

理性的人會思考邊際效用。

第 3 部

經濟如何運行
HOW ECONOMIES WORK

15 貨幣
Money

經濟學不是只關於貨幣，但貨幣使所有人都成為經濟學家。要求某人為某事付出一個價格，而不是免費或義務幫忙。你會在他們心裡按下一個無形的開關。

行為經濟學家丹‧艾瑞利（Dan Ariely）做了一個實驗來證明。他以每顆1美分的價格賣星巴克糖果給學生。他們平均拿了四顆。然後他把價格改為零，亦即免費。傳統經濟學會假設，隨著價格下降，需求會增加（參見第2章），但事實並非如此。一旦等式中拿掉了錢，就會發生一些奇怪的事。幾乎沒有一個學生每人拿超過一顆糖果。

貨幣促使世界經濟運轉

貨幣是經濟中的關鍵要素之一。少了貨幣，我們就必須以物易物，即交換商品或提供幫助或服務，為想要的東西付出代價。正如對話中的雙方都使用共同語言、而不是依賴手勢和噪音時，溝通變得容易許多，所以貨幣提供了一種簡易的交換媒介。沒有貨幣，每筆交易都會複雜到令人頭痛。

「金錢是愛的支柱，也是戰爭的支柱。」
　　　　　　　　　　　　——托馬斯‧富勒（**Thomas Fuller**）

在人民對貨幣失去信心的國家，也許是因為惡性通貨膨脹，經常依賴以物易物。蘇聯在1980年代後期瀕臨解體時，許多人開始用香菸當貨幣。然而，以物易物的效率非常低，想像一下，每次你想去商店，都必須拿出不同的引人注目的服務或商品來換，還不如待在家裡就好。

除了作為交換媒介的主要功能外，貨幣還有另外兩大用途。首先，貨幣是記帳單位，這意味著它是衡量事物定價的尺度，幫助我們判斷事物的價值；其次，它是一種價值儲存工具，這意味著它不會隨著時間推移而失去價值，儘管現代紙幣能否達成這項功能尚有爭議。我們都很熟悉貨幣的組成，無論是美元鈔票、英鎊硬幣、歐分硬幣還是其他類型的貨幣，但實際而言，任何一種可交易單位都能視為貨幣：例如，貝殼、珠寶、香菸和毒品（後兩者經常在監獄裡當成錢來用）。而且，比起以往任何時候，現今的貨幣更是造成貸方和借方之間無形的信用（亦即借錢）流動。

貨幣類型

可以區分兩種主要類型的貨幣：

商品貨幣（Commodity money）：具有內在價值，儘管它實際上並不是一種貨幣形式。黃金可能是最明顯的例子，因為黃金可以用來製作珠寶，並且

約西元前 10000	西元前 3000	西元前 600	9 世紀	1816
已知第一個非洲地區以物易物的證據。	在美索不達米亞交易的謝克爾（重量單位）。	第一個利底亞（Lydia，位於當今土耳其的西北部）金幣、銀幣的證據。	中國發明第一張紙幣。	創立金本位制，將所有貨幣與一定數量的黃金掛鉤。

> ## 流動性
>
> **流動性**是衡量某人用資產（例如房屋、金條或一包菸）交換金錢或其他類型貨幣的難易程度。例如，大多數的大公司股票通常有很高的流動性，亦即很容易出售，因為通常有很多買家。房屋的流動性較差，因為需要時間來安排房產銷售。當公司清倉拍賣時，就意味著想賣出所有商品來換現金。

是工業用的關鍵金屬。其他類型的商品貨幣包括銀、銅、食物（如大米和胡椒）、酒精、香菸和毒品。

法定貨幣（Fiat money）：是沒有內在價值的貨幣。來自拉丁語「就這樣吧」（let it be），單純意味著政府已經頒布法令，硬幣和紙幣本身的內在價值可忽略不計，即在法律上具有一定的價值。這是現代已開發經濟體的制度。美元鈔票由聯準會和美國財政部發行，5英鎊、10英鎊和20英鎊紙幣等則由英格蘭銀行發行。原本紙幣可以兌換成商品貨幣，因此從實際上講，人民可以要求以美元鈔票兌換一定數量的黃金（亦即美元與黃金掛鉤）。然而，自1971年8月15日起，根據尼克森總統的命令，停止美元與黃金兌換，美元成為純粹的法定貨幣。法定貨幣的穩定性仰賴於人們對國家法律制度和政府經濟信用的信心。

「所以你認為金錢是所有邪惡的根源。你有沒有問過什麼是所有金錢的根源？」

——安・蘭德（Ayn Rand）

金錢的歷史

數十萬年來的人類文明傾向以物易物，用貝殼和寶石換取食物和其他重要商品。頭一次作為貨幣的證據，需要追溯到五千年前的現代伊拉克所在地才能找到的謝克爾（Shekel）。雖然謝克爾是第一種貨幣形式，但它不是我們所知道和理解的貨幣。謝克爾實際上代表了一定重量的大麥相當於黃金或白銀。最終，謝克爾本身就成為一種貨幣。同樣的，英國的貨幣也被稱為英鎊，因為它最初相當於一磅白銀。

古希臘人和羅馬人使用金幣和銀幣作為貨幣，第納里（Latin denarius）最終在包括約旦和阿爾及利亞在內的各國孕育出第納爾（dinar），並在1971年採用十進位制之前，提供了「d」作為英國便士的縮寫。它還產生了西班牙語和葡萄牙語的錢 ——dinero和dinheiro。

最早的紙幣是由7世紀的中國發行，然而過了一千年，紙幣的概念才在1661年被瑞典的斯德哥爾摩銀行在歐洲採行。

如何衡量貨幣數量

衡量一個經濟體有多少貨幣流動，是確定經濟體健康狀況的一種關鍵方法。當人們手上有更多的錢，會覺得自己更富有、並傾向於花更多錢，而企業透過訂購更多原物料和提高產量來回應銷售額的增加，這反過來又推高了

「錢從來沒有讓一個人快樂過，未來也不會。一個人擁有得越多，想要的就越多。錢不是填補真空，而是製造真空。」

—— 班傑明・富蘭克林（Benjamin Franklin）

股價和經濟成長。

中央銀行以很多種方式來衡量貨幣。最常見的是聯準會所說的M1。M1用來衡量銀行外流通的貨幣數量，以及人們留在銀行戶頭裡的資金數量。換句話說，M1代表人們有多少現金可用。M2是比較廣義的貨幣衡量標準，包括流動性較低（易於取得）的資產，例如定期存款；M3則涵蓋被視為貨幣替代品的金融工具，例如長期儲蓄和貨幣基金（money-market mutual funds）。在英國，出於某種原因，英格蘭銀行把相當於M3的貨幣稱為M4。

在世紀之交，大約有5,800億美元在流動，而人們在銀行的即時存取帳戶中還有5,990億美元。如果你將貨幣數量除以每個美國成年人口（2.21億人），意味著每個成年人持有大約2,736美元的貨幣，這顯然比大多數人錢包裡的還要多。人均持有貨幣量如此之高的部分原因，是大部分資金實際上是由海外持有的，因為在許多美國以外的國家，美元也被用作貨幣，部分是因為有些人是罪犯，包括在黑市工作的人，更願意持有現金而不是存入銀行帳戶。

貨幣不僅僅是通貨，它甚至比流通中和人們在銀行帳戶裡的貨幣存量還要多。這也是一種心態。我們口袋裡隨身攜帶的紙幣、銅幣和鎳幣的價值只是它們面額的一小部分，從一個銀行帳戶裡電子轉帳到另一個銀行帳戶的現金，更沒什麼內在價值。這就是貨幣必須以信任為後盾的原因，相信付款人有支付現金的能力，並且政府將確保這筆錢在未來仍有價值。

一句話說貨幣

貨幣是信用的象徵。

16 總體和個體經濟學
Micro and macro

經濟學實際上包括兩個主題。首先是專精於研究人們如何以及為何做出某些決定。其次是廣泛地研究政府如何改善成長、處理通貨膨脹、維持財政狀況以及確保失業率不會攀得太高。個體經濟學和總體經濟學之間的區別是理解經濟學的核心。

「您研究個體經濟學,還是總體經濟學?」這通常是剛認識的經濟學家互相招呼詢問的頭一個問題,這兩種研究途徑之間的區別,直指經濟學的核心。古板的經濟學家通常視兩者為完全獨立的研究領域,以至於許多人窮盡一生都專注於兩者之一,而不覺得自己錯過了另一個。

有什麼不同?

個體經濟學源自古希臘語「*mikros*」,意即「小」,是用於研究家庭和企業如何做決策並與市場互動的術語。例如,一位個體經濟學家可能會關注某個特定類型的耕地近年來是如何興起與沒落。

總體經濟學一詞來自希臘語「*makros*」,意即「大」,則是對一個經濟體

「個體經濟學:研究誰有錢,我怎樣才能拿到錢。總體經濟學:研究哪個政府機構擁有槍,我們怎樣才能拿到槍。」
——美國記者加里・諾斯(**Gary North**)

的整體如何運行的研究。總體經濟學家更感興趣的是，為什麼一個國家能保持強勁成長，又能維持低通膨（就像美國在1990年代的大部分期間那樣），或者所得分配不均程度加劇的原因（例如在近幾十年的英國和美國）。

分家的原因

　　經濟學研究領域為什麼會分家？這是個好問題 —— 事實上，這樣的區分直到20世紀中葉才出現。原本經濟學家就是經濟學家，關注大範圍的人自稱貨幣經濟學家，而研究小範圍的人則稱其為價格理論家。事實上，經濟學家傾向於更考慮小範圍。凱因斯橫空出世後，改變了對這個主題的看法（參見第9章）。總體經濟學基本上是由他創造的學門，強調國家扮演的角色，包括在國內（使用公共資金和利率工具，以保持經濟正常運作）和國際上（監測與其他國家的貿易）兩大面向。

　　另一方面，個體經濟學已經發展成龐大的研究領域。個體經濟學特別關注在各種情況下供給與需求交互作用的方式（參見第2章）。它研究人們對稅法、價格或偏好變化的反應，但並未就對整個經濟產生的影響進一步提出結論。這是總體經濟學家的職責。當然，兩者相互關聯，但它們分屬不同主題

1930	1933	1950 年代	1990 年代
經濟大蕭條導致個體的人類行為和總體行為之間的區分。	挪威經濟學家朗納・弗里施首次使用總體經濟學一詞。	總體經濟學隨著凱因斯主義一起流行。	在總體經濟學相對低調的時期，個體經濟學蓬勃發展。

實證經濟學和規範經濟學

實證經濟學（Positive economics）是對世界正在發生的事情的實證研究。例如研究為什麼有些國家變得更富有，某些家庭變得更貧窮，以及未來可能發生什麼。實證經濟學避免對某些現象是否應該發生做出任何價值判斷，而只是以科學的手段來研究分析它們為什麼會發生。

另一方面，**規範經濟學**（Normative economics）關注世界上正在發生的事情，並試圖勾勒出經濟如何改善。因此，規範經濟學關心的是如何對特定現象進行價值判斷。

以這段陳述為例：「世界上有十億人口每天的生活費低於1美元。這個數字低於任何人的預期生活水準，應該透過政府、尤其是富有國家政府的協助和賑濟來提高。」第一段話是實證經濟學的陳述；第二段則是規範經濟學。

的原因在於，個體經濟學關注某個單獨的市場，而總體經濟學關注所有市場的集合體。

這必然會意味著總體經濟學家通常必須對經濟行為做出非常廣泛的假設，包括假設從長期來看，供需會趨向平衡，然而這個假設一直有爭議。

不同的分析途徑

優質媒體上關於經濟學的報導通常側重於總體經濟學，意即整個經濟體的利率或通膨的變化；一個國家的總產出或國內生產毛額；經濟衰退或較大範圍的經濟繁榮的新聞；財政部長在最新預算案提出的經濟消息等等。因為

它的分析是由上而下，通常可以講出一個宏觀的故事。

然而，關注個人理財面，關於稅收和其他政府措施可能對人們日常生活帶來的影響，更牢牢扎根於個體上。個體經濟學是由下而上看待問題。

例如，戈登・布朗在擔任英國財政大臣時，經常因試圖從個體層面管理經濟而遭指責。這意味著他避免整體性調整所得稅和利率，而更傾向於依賴較小規模的措施，例如特別針對特定類型家庭或鼓勵企業投資的稅額減免（tax credits）。

總體經濟學的學派相對較少，個體經濟學家則幸運地能夠專注於眾多研究領域。我們可以在所謂**應用經濟學**（applied economics）領域找到大量的專家：關注就業和就業市場演變的專家、查核政府帳的公共財政專家、與商品／收入類型或營業稅相關的稅務專家、農業和關稅專家、工資專家等等。

個體經濟學也比總體經濟學更以統計數據為基礎，個體經濟學家經常建立複雜的電腦模型來展示供給與需求如何對特定變化做出反應：例如，如果油價上漲（以及因此能源成本突然飆高），汽車製造業的成本將會增加。總體經濟學家比較關心油價上漲對經濟整體成長率的影響，並首先診斷油價飆升的原因以及如何重新控制整體經濟的平穩。

儘管這兩個主題經常被分開處理，但都基於相同的基本規則：供給與需求的相互作用、物價和市場能正常運作的重要性，以及需要去測定人們在面對稀缺和各種誘因時如何行動。

一句話說總體和個體經濟學

用個體經濟學看企業，用總體經濟學看國家。

17 國內生產毛額
Gross domestic product

如果經濟學中有一個值得了解的數字，那肯定是國內生產毛額（GDP）。從字面上看，GDP是所有經濟統計中最重要者，其他數字從通貨膨脹、失業率到匯率和房價都相形見絀。

　　GDP非常簡單地衡量一國的全部收入，毛額（gross）意即總值；國內（domestic）意即在特定經濟體中；生產（product）意即經濟產出或活動。GDP是衡量一個國家經濟實力和表現最受廣泛認可的衡量標準。

　　大多數人都清楚，近幾十年來，中國明顯崛起，居經濟領先地位。GDP統計數據（見下頁）顯示，中國近年來迅速超越法國、英國、德國、日本，成為世界第二大經濟體。

GDP包括哪些？

　　國內生產毛額衡量兩件事：國家的總收入和總支出。在一個經濟體中，收入和支出是相等的。如果你花1美元買一份報紙，那筆錢，意即你的支出，會立即變成別人的收入。GDP衡量商品（如食品）和服務（如理髮），包括無形的物品（如住房服務，意即人們為居住所支付的金額，無論是租房還是買房）。

GDP不包括哪些？

GDP主要排除所謂非正式經濟生產的東西，包括非法商品貿易（例如毒品和任何黑市的東西），據推估，這占大多數富裕國家經濟近一成。 GDP也不重複計算零件以及產品本身。例如，汽車發動機不會與整輛車分開計算，除非發動機是單獨出售。

各國GDP排名

（十億美元，2021）

美國	22,939
中國	17,762
日本	5,103
德國	4,230
英國	3,108
印度	2,946
世界	84,537
歐盟	13,011

資料來源：國際貨幣基金

外資企業的產值歸屬

GDP衡量的是在某一國內生產的所有東西的價值 —— 無論是誰擁有。因此，如果一家美國公司在墨西哥擁有一座工廠，那麼該工廠的產出就會貢獻給墨西哥的GDP。然而，還有另一個相關的統計數據可以衡量一國公民的經濟產出，無論他身在國內還是國外。例如，美國的國民生產毛額（GNP）包括美國公民在國內外的收入，但不包括其他國家的公民和公司在美國的收入。GDP和GNP的數字通常很相似。

GDP是怎麼衡量的？

政府公布GDP數據時，通常每季度（即每三個月）一次，最受矚目的數

字不是總量，而是成長率。值得牢記的是，媒體或政界人士最常引用的GDP成長率是針對**實質GDP**的成長，換句話說，是消除了通貨膨脹的影響。如果不考慮通貨膨脹導致的市場價格變化的數字，稱為**名目GDP**。

GDP包括哪些成分？

GDP就像一個橘子，是由多個部分組成，每部分都代表著對一國經濟成長的一種重要貢獻。以下可以解釋一國的錢花在哪些事情上：

消費＋投資＋政府支出＋淨出口

消費是指家庭花在商品和服務上的所有錢，在富裕國家，近幾十年來，消費一直是最大的部分。2005年，消費占美國所有支出的70%，在英國也差不多。

投資是在相對長期的基礎上投入商業的現金，例如蓋新工廠或建築。投資還包括家庭花在購買新房屋上的錢。它占美國GDP的16.9%和英國GDP的16.7%。

1950 年代	1972	2007
世界進入戰後經濟成長的黃金時期。	不丹開始制定國民幸福指數。	數十年來最長的全球經濟成長即將結束。

政府支出包括國家和地方政府機構在商品和服務上的支出。它占美國GDP的18.9%，但在大都擁有政府資助醫療服務的歐洲國家中，比例要高得多。在英國，1990年代的大部分時期和2000年代，這比例都保持在40%左右。但在2008年金融海嘯和經濟危機之後，美、英以及幾乎所有富裕國家的這項比例都急遽上升，因為政府尋求凱因斯式對策來因應經濟衰退（參見第9章），向經濟注入了更多公共資金。

你可能已經留意到，將這些成分加總後，表現出的美國人的實際支出超過了GDP的100%，準確地說，是多出5.8個百分點。這是怎麼回事？簡而言之，是因為近年來美國透過海外進口來彌補國內生產的商品短缺。2005年出口占GDP的10.4%，而進口占16.2%，兩者之間的差額也就是**淨出口**，相當於5.8%的短缺。這種所謂的貿易逆差，引發了美國一直入不敷出的警告（參見第24章）。

用GDP衡量經濟表現

鑑於GDP是衡量經濟表現最廣泛的指標，它絕對是經濟學的核心。政界人士經常藉由GDP來評判成績，經濟學家盡最大努力預測GDP。當經濟體萎縮時，GDP的下降通常與失業率上升和工資下降齊頭並進。如果連續兩個季度萎縮，那麼實質而言，經濟是處於衰退。儘管這已被廣泛接受是經濟衰

「這麼說一點也不誇張：從長期看來，對於經濟福祉而言，可能沒有什麼比生產成長率更重要了。」

——威廉・鮑莫爾（William J. Baumol）、蘇・安妮・布萊克曼（Sue Anne Blackman）和愛德華・沃爾夫（Edward N. Wolff）

退（recession）的定義，但在美國，直到美國全國經濟研究所（National Bureau of Economic Research）對經濟情勢做出如此判斷，才會正式使用「R」字（編按：即衰退）。最嚴重的衰退通常被稱為蕭條（depression）。蕭條，還沒有被普遍接受的定義，儘管許多經濟學家明確指出，經濟體必須從高峰到低谷萎縮約10%。他們普遍認為，蕭條會導致超過一年的產出萎縮。在1930年代的大蕭條時期，美國的GDP縮水了三分之一。

　　然而，這種通用的經濟統計數據有不可忽視的局限性。例如，如果一國突然接受更多移民，或要求公民延長工時，會發生什麼事？GDP可能會大幅推高，即使該國勞工個人生產力並沒有提高。因此，在衡量一個經濟體的健康狀況時，統計學家更傾向於看生產力。生產力的計算公式為：GDP除以一國公民工作的小時數。另一種衡量GDP水準的方法，是將總GDP除以總人口，從而得出人均GDP的數字，經濟學家經常用人均GDP來表達一國的生活水準。

　　儘管GDP通常被認為反映了一國的整體福祉，但現代經濟學家已經意識到GDP在這方面的局限性。例如，GDP沒有考慮社會不同成員之間的潛在不平等。GDP既無法衡量環境或社會品質，也無法衡量個人的幸福感，那得要找別的工具（參見第49章）。然而，在能夠立即顯示一國的經濟是繁榮還是停滯的面向，任何統計數據都比不上GDP。

一句話說國內生產毛額

GDP是衡量一個國家經濟表現的關鍵尺度。

18 中央銀行和利率
Central banks and interest rates

小威廉・麥克切斯尼・馬丁（William McChesney Martin）曾說，央行行長的工作是「在派對開始時拿走酒杯」。這位傳奇性的美國聯準會主席所表達的是，負責一個國家的貨幣政策（利率）的人，要確保經濟既不會過熱，也不會陷入蕭條。

當經濟蓬勃發展，企業利潤創新高時，通貨膨脹就有失控的危險，而中央銀行通常會升息（提高利率），試圖以有禮貌的方式結束派對。這是央行的一項不讓人羨慕的任務。如果派對出了問題，經濟委靡不振，央行的工作就是再透過降息來防止經濟的宿醉太嚴重。如果這聽起來已經很難了，請記住，即使是中央銀行也無法明確知道經濟在特定時刻的擴張速度。

中央銀行如何運作

問題在於，中央銀行做決策所依據的大部分統計數字，通常在發布之際便已明顯過時了。通貨膨脹率（通常指消費者物價指數，CPI），這項世界上產生最迅速的數字，是指上個月的數字。更根本的是，由於某些經濟變化的實際影響需要時間才能表現在統計上（例如，石油或金屬價格上漲需時數週、甚至數月，才會推高消費者物價指數）；這讓中央銀行駕馭經濟這輛車時，只能看著後照鏡，而不是前面車窗。

　　每個有自己的貨幣、能夠徵稅的政府的國家，幾乎都有中央銀行，包括聯準會（美國中央銀行）、英格蘭銀行（實際上決定全英國的利率）到備受推崇的瑞士國家銀行和創新的紐西蘭儲備銀行等等。歐洲中央銀行則為所有使用歐元的歐盟國家設定利率。

　　大多數中央銀行的運作獨立於行政體系之外，儘管央行高層通常由政府任命，或至少由其審查。為了確實監督這些非經選舉產生的人選，通常會賦予他們一個職權範圍，可以很具體，例如英國和歐元區（消費者物價指數通膨目標為2%），或較模糊，例如美國（鞏固經濟成長和繁榮）。

利率如何形塑經濟

　　目標隨著時間改變。例如，在1980年代貨幣學派盛行時，有些國家的央行試圖將貨幣供給的成長保持在特定水準；如今，大部分的央行更關心控制通膨。無論用哪種方式，中央銀行影響經濟的主要工具都是利率。

　　較低的利率通常意味著經濟成長更快，因此可能導致更高的通膨，因為儲蓄的利息較低，相較之下貸款和支出是更具吸引力的選擇。利率提高則情況逆轉。

1668	1694	1913	1998
世界上第一家中央銀行瑞典央行在瑞典成立。	英格蘭銀行成立。	伍德羅・威爾遜建立美國聯邦準備理事會。	為準備推出歐元，歐洲中央銀行成立。

世界四大央行

- **聯準會（美國）**：主要決策機構是聯邦公開市場委員會。這個由12名成員組成的小組由鮑威爾（Jerome Hayden Powell，2018年2月就任）擔任主席，由地區準備銀行和聯邦任命代表組成，決定世界最大經濟體的利率。前主席艾倫・葛林斯潘非常受人尊敬，以至於在他將近二十年的任期結束時被暱稱為「神諭」和「大師」。

- **歐洲中央銀行（歐洲）**：其利率由21個成員組成的管理委員會決定，但實際上由歐洲央行行長拉加德（Christine Lagarde，2019年11月就任）做最終決策。

- **日本銀行**：設定了世界第三大經濟體的利率。儘管日本銀行自第二次世界大戰以來一直獨立運作，但有些經濟學家懷疑它比其他央行更受政治力的影響。

- **英格蘭銀行**：儘管是歷史第二悠久的中央銀行，但它是在1997年財政大臣戈登・布朗決定將其不再受政府控制、最後才獨立於政治的中央銀行之一。利率由貨幣政策委員會（MPC）的九位成員決定。英格蘭銀行被暱稱為「針線街的老婦人」（The Old Lady of Threadneedle Street），因為它位於倫敦市內的針線街上。

　　一般來說，大部分中央銀行都會設定一個基準利率（在美國稱為聯邦資金利率，在英國稱為銀行利率），一般銀行會以此基準制定自己的利率。為了設定這個利率，央行決策者可以使用各種工具。首先，央行宣布即將改變利率，一般銀行通常會跟進，並相應改變自己的房貸、商業貸款和儲蓄的利率。其次是公開市場操作，意味著央行買賣政府公債以影響整個債券市場的

利率（參見第27章）。第三是存款準備金制度，所有商業銀行都有義務提存一部分自有資金放在央行（意即準備金）。央行可以改變為這些準備金支付的利率，或者命令銀行提存較多或較少的準備金（意即法定存款準備率），從而影響銀行能借給客戶的金額，進而影響利率。

對消費者來說，央行絕大多數的政策工具，都是他們無法直接接觸到的；重要的是其所引發的立即連鎖反應，導致全國各地銀行改變貸款成本水準。只有當一個或多個工具失效時，具體的細節才真正要緊，就像貨幣市場失靈時可能發生的情況（參見第33章）。

儘管銀行傾向每個月或幾個月決定利率，但銀行有上百名員工長期監控市場上的實際貸款利率，以確保他們開出的藥確實有效。在2000年代後期的金融危機期間，世界各地央行不得不想出許多新方法來為經濟注入更多資金。

然而，通貨膨脹並不是唯一受利率影響的因素，還有匯率。高利率通常會讓一國的貨幣走強，因為這會吸引世界各地的投資者將資金投入該國換匯。不利的一面是，貨幣（匯率）走強，會使一國的出口商品對外國顧客而言變貴（出口競爭力降低）。

支持金融體系

央行的作用不僅僅是控制利率，更廣泛地說，是確保一個經濟體的基礎金融體系處於健康狀態。因此，在經濟動盪時期，央行也是最後貸款人。例

「央行的工作猶如外交界，有風度，衣著典雅，而與上流人士交遊也非常重要，但成果要少得多。」

——高伯瑞（John Kenneth Galbraith）

如，當華爾街和倫敦市一切順風順水，就不太需要這樣的角色，因為銀行通常可以更便宜、更容易地從同行借到錢。然而，在情況不順遂時，中央銀行的緊急貸款就成為不可少的救生圈。

2008年金融危機的眾多影響之一，是迫使央行強化最後貸款人的作用，以拯救受災銀行。例如，聯準會打破了幾十年來的慣例，開始直接向避險基金借現金，因為除了政府，所有人都幾乎不可能借到錢。聯準會還開始購買資產，並透過所謂量化寬鬆（quantitative easing）的過程向經濟體注入更多現金（參見第20章）。

然而，與經濟學一樣，天下沒有免費的午餐，無論是對消費者還是對銀行都一樣。出手變大方，是以未來更嚴格的監管為代價。利率仍將是央行的主要政策工具，但監控和規範金融體系的權力也非常重要。

一句話說中央銀行和利率

中央銀行致力於引導經濟，避免過度繁榮或蕭條。

19 通貨膨脹
Inflation

通貨膨脹是什麼？取決於你聽誰說，通貨膨脹不是替你清潔牙齒，就是把牙齒敲掉。美國前總統雷根說通貨膨脹「像搶劫犯一樣暴力、像武裝劫匪一樣可怕、像殺手一樣要命」。德國聯邦銀行前行長波爾（Karl Otto Pöhl）則說：「通貨膨脹就像牙膏；一旦〔從管子裡〕出來，就很難再把它收回去。」

事實上，大多數時候，通貨膨脹（通膨），亦即物價上漲的現象，都不是上述兩種情況。保持價格緩慢且可預測的上漲，已成為央行和政府管理經濟時的一大功能（如果不是最重要的功能的話）。但是通膨有可能變成一種討人厭的失控趨勢。

通貨膨脹水準

通膨通常以年為單位表示。因此，3%的通膨率意味著整個經濟體的物價比12個月前高出3%。

所有經濟統計數據中，通膨是最能說明問題的。從一個經濟體的通膨數字，能有助我們理解該經濟現況是處於健康、過熱或是急遽走緩。通膨率

「通貨膨脹是一種無須立法即可徵收的稅收形式。」

——傅利曼

太高，經濟有可能陷入通膨螺旋，即物價呈指數型上漲，甚至導致惡性通膨（hyperinflation）；兩者之間的差異取決於價格上漲的幅度。惡性通膨在1920年代影響德國，1923年，由於惡性通膨達到高峰，德國威瑪政府一度不得不發行100兆馬克的紙幣。在2000年代，惡性通膨籠罩著辛巴威，該國物價在一個月內至少上漲50%（通常還更高）。

即使20%左右的通膨水準，也可能有極大的破壞性，尤其在1970年代的美國和英國，通膨同時伴隨著經濟成長疲軟或衰退，結果通常稱為停滯性通膨（stagflation，成長停滯兼有高通貨膨脹），多年的通膨，提高了美、英失業和破產狀況。簡而言之，通膨有能力破壞曾經自豪及健康的經濟體。

因果關係

通貨膨脹告訴我們某些關於社會和經濟狀況的訊息。藉著比較生活成本增加與家庭收入增加的速度，可以計算出某個社會的生活水準提高速度。如果通膨超過家庭薪資，生活水準就會下降：人們負擔不起本來買得起數量的商品。但是當薪資成長比通膨快，人們在支付每週購物帳單後，口袋裡剩下更多錢，亦即他們的生活水準提高了。

1873—1896	1920 年代	1930	1970 年代	2008
美國出現內戰後的「大通縮」。	德國在第一次世界大戰後承受惡性通膨。	美國和世界大部分國家在大蕭條期間陷入通縮。	石油危機導致美國和英國的通膨率超過20%。	面對惡性通膨，辛巴威發行面額千億的紙幣。

通膨的各種衡量指標

CPI（消費者物價指數）：是先進國家最常用的通膨衡量指標，在美國、歐洲等地廣泛使用。統計人員透過每月察訪全國各地的商店和企業來計算，檢查其所設定的一籃子商品和服務的價格上漲速度。

RPI（零售價格指數）：在英國用於更全面衡量生活成本。包括與房屋所有權相關的成本，例如支付房貸和利息。

GDP deflator（國內生產毛額平減指數）：這種價格衡量指標能最全面地衡量整體經濟中所有商品的成本。但是編製這項指數的頻率遠低於 CPI 和 RPI。

PPI（生產者物價指數）：衡量生產者的原物料成本以及其向零售商收取的成品價格。這是觀察通膨可能走向的有用信號。

其他指數：還有許多其他更具體的指數，包括房價指數和商品價格指數。

當經濟快速成長，員工可以獲得更豐厚的薪酬，這意味著他們將在商品和服務上花得起更多錢。物價往往會隨著需求增加而上漲，無論買房或理髮皆然。同樣地，如果經濟成長放緩，需求也會隨之下降，物價會降低，或者至少會以較慢的速度上漲。

物價不僅受需求的影響，還受人們可支配貨幣數量的影響。如果貨幣供應量增加（因為印更多鈔票或因為銀行放貸更多），會有更多貨幣追逐相同數量的商品，這將推升物價。關於如何精確定位影響物價的過程，20 世紀貨幣學派和凱因斯主義者之間曾有一場大辯論（參見第 9、第 10 章）。

通膨未曾停歇？

　　有個經常被問到的問題是：物價是否一直要上漲，不能靜止不動嗎？事實上，物價可以凍漲，而且在歷史的不同時期都曾如此。儘管理論上通膨對於經濟運作來說並不是必要的，但出於以下原因，政界人士傾向鼓勵經濟出現一點點通膨，特別是在20世紀。

　　首先，也是最重要的一點，通膨會鼓勵人們消費，而不是儲蓄，因為通膨慢慢侵蝕一個人口袋裡的錢的價值。在現代資本主義經濟中，這是不可或缺的前進動力，因為從長期來看，通膨會鼓勵公司投資新技術。然而，通膨也會侵蝕債務，因此負債累累的政府過去常常放任泡沫吹得越來越大，從而有效地減少負債。

　　同樣地，通膨水準通常與當時的利率相近（參見第18章），人們習慣於正面而不是負面看待。歷史上少有銀行向客戶收取儲蓄保管費並付錢吸引人來貸款的例子（這在負利率的世界中會發生），而且只會發生在危機時期，這時必須鼓勵人們消費，而非儲蓄。

　　最後，人們天生就習慣於薪資成長。努力提升自己是人的天性，並且通常很難忍受薪資連年凍漲，即使店裡的物價幾乎沒變。

「要解救一個管理不善的國家，第一個靈丹妙藥就是通膨；第二是戰爭。兩者都帶來一時的繁榮，也都會帶來永久的毀滅。但兩者都讓政治和經濟機會主義者得到庇護。」

——海明威（Ernest Hemingway）

通膨螺旋

　　物價有時會在所謂的通膨螺旋中呈指數級上漲。通膨率越高，勞工會看到自己的生活水準變差，不滿就越加深。勞工要求加薪，如果成功，就會花掉多出來的現金，這反過來又促使商家漲價。這就進一步推高通膨，迫使員工要求老闆再加薪。

　　過度通膨，或說是通貨緊縮（參見第20章），根本問題是危及經濟穩定。當企業和家庭對物價上漲或下跌的速度感到不安時，就會延遲投資和儲蓄，正常生活就會慢慢停頓下來。這就是為什麼政府和央行決心讓物價以可預測的速度上漲。如果做不到，正如雷根所說的，人們會過上一段很不愉快的日子。

一句話說通貨膨脹
保持物價緩步上升。

20 債務和通貨緊縮
Debt and deflation

不同於今，通貨緊縮，意即物價較去年下跌而不是上漲，並不總是被當成威脅。直到20世紀的前幾百年，有活力的經濟體常常經歷一大回合的通貨緊縮現象。事實上，傅利曼堅信，理論上，政府應該致力於維持適度的通貨緊縮。

當大街上及其他地方的物價溫和下跌時，意味著你口袋裡的每一塊錢都變得更有價值。即使收入沒有逐年增加，購買力確實上升了。因此，你不必擔心現金可能會在幾年後變得幾乎一文不值，就像在高通膨的經濟體中一樣。

通貨緊縮和蕭條

然而，良性通貨緊縮在20世紀因痛苦的物價下跌而失勢，尤其是在1930年代的大蕭條期間。大蕭條發生在整個1920年代股價大幅上漲之後，大部分的股票投資不是用儲蓄購入，而是用借來的現金買的。1929年，當投資者意識到所取得的驚人收益（道瓊工業指數在過去六年中上漲了五倍）不是來自基本面的業績，而是由於消息面的炒作，市場便崩盤了。

隨後是美國以及世界上許多其他國家經歷了經濟黑暗期，銀行在債務壓

「我要強調債務通縮理論的重要推論，藉由通貨再膨脹和穩定，可以治療及預防大蕭條。」

——美國經濟學家艾爾文‧費雪（Irving Fisher）

定義

通貨緊縮（deflation）意味著商品和服務的價格正在下降，通常是逐年下降。

通貨膨脹減緩（disinflation）是通貨膨脹率放緩但仍為正數的情形。

力下倒閉、房價下跌、公司倒閉，數百萬人失業。危機的核心問題之一是通貨緊縮。

　　物價開始下跌，因為人們意識到「咆哮的20年代」（Roaring Twenties）的經濟是由貪婪和狂熱任意吹大的泡沫所主導。但是，儘管股價和房價下跌，但人們為取得資金而背負的債務價值卻沒有改變。因此，隨著物價每年下降10%，以目前可以有的購買力計算金額，100美元的債務成本就漲到約110美元。在那些沒有立即被崩盤壓垮的家庭中，有數百萬人深受通貨緊縮之害，因為他們的債務價值沒來由地增加了。

19 世紀	1930	1990 年代	2009
工業革命帶來持續的通貨緊縮。	美國在大蕭條中遭遇債務通縮螺旋。	房地產泡沫破滅，日本陷入通貨緊縮。	包括英國、美國的主要經濟體自二次大戰以來首次出現通貨緊縮。

> ## 通貨緊縮和「失落的十年」
>
> 儘管經濟大蕭條被認為是現代史上最嚴重的通貨緊縮螺旋。例如美國失業率上升到所有健全勞動力的四分之一，GDP下降了三分之一，但2008年也出現類似情況。最引人注目的是1990年代的日本，物價指數跌至負數，迫使日本央行祭出零利率。這種螺旋式通縮，導致了所謂的「失落的十年」。因為擺脫不了這種局面，讓日本經濟欲振乏力，物價持續下跌。

更嚴重的通縮螺旋

通貨緊縮不僅影響有債務的人，而且影響到整個經濟體。隨著價格開始暴跌，人們傾向囤積現金，因為知道幾個月後東西賣得更便宜。他們不願消費，導致價格進一步下滑。此外，由於人們的薪資通常是由具有法律約束力的契約所規定，企業突然發現薪資帳單實際上增加了，因為以前1,000塊錢的帳單現在價值已相當於1,100元。這對雇主來說是一場災難，他們以較低價格賣出商品和服務，但仍面臨相同的薪資成本。雖然剛開始對員工來說似乎是好消息，但在實務上，這將意味著公司不得不解雇更多員工來維持運作。同樣的，儘管銀行在某些貸款人的抵押貸款收到還款的價值變高（相對於經濟體中其他正在下降的物價），但有些借款人根本還不出來。

嚴重通縮時的許多經濟困境與高通膨時期非常相似。兩者實際上都關乎某些商品的價格以無法控制的速度上漲。然而，雖然通貨膨脹會使市面的商品變得更昂貴，但通貨緊縮還會增加債務、擔保的成本。

通貨緊縮最大的風險，隨著公司削減開支且越虧越多，物價會跌得越來

越快，這反過來又會進一步壓低物價。可以說，這比通膨螺旋更難擺脫，主要是因為現代經濟已經發展出更有效因應通膨螺旋的機制（參見第18章）。

診斷和對策

經濟學是以體系裡貨幣數量下降或商品及服務的供應增加來解釋通貨緊縮。因此，通貨膨脹關乎太多的錢追逐太少的商品；通貨緊縮的情況則恰恰相反。就經濟大蕭條和1990年代和21世紀初的日本而言，原因是貨幣緊縮（與債務泡沫有關，人們在多年的過度消費和入不敷出之後存更多、花更少）；相較之下，19世紀的良性通縮則是生產力提高，導致商品供應量增加所致。

通常中央銀行控制通膨的主要工具是利率。然而，央行無法將這些數字降至零以下，因此當物價下跌時，只能求助於更多的非正式工具，其中，「印鈔票」是常用的手段。換句話說，相對於通膨時期試圖保持經濟體中現金數量不變，到了通縮時期，央行開始向經濟體注入更多現金。央行可以藉由多種方式，例如，直接購買債券或股票等資產，或者增加商業銀行金庫裡的現金數量，這被統稱為**量化寬鬆**。

世紀之交的日本以及2008年金融海嘯後的聯準會和英格蘭銀行都運用量化寬鬆，試圖扭轉由債務引發的金融危機。他們的努力是否成功，仍有待觀察。

一句話說債務和通貨緊縮

物價下跌會削弱經濟。

21 稅賦
Taxes

富蘭克林在1789年說出了一句名言:「在這個世界上沒有什麼是確定的,除了死和繳稅。」他並不是第一個抱怨繳稅的人。自從有政府以來,政府一直在設計巧妙的方式籌錢。《聖經》告訴我們,約瑟和瑪莉亞前往伯利恆,是為了納稅而登記財產。1086年,征服者威廉(William the Conqueror)下令進行英格蘭《末日審判書》(*Domesday Book Survey*)大規模調查,主要是為了找出可以向誰徵稅;早在西元10年,中國公民就必須繳納所得稅。

　　即使在今天,稅賦仍然是政治中最具爭議的問題之一。老布希總統至今仍然記得他在1988年的競選承諾:「請讀我的唇:不增加新稅賦。」可悲的是,財政狀況並不支持他,隨後加了幾次稅;四年後,選民也一樣不支持他了。

　　有史以來,人們就一直怨恨血汗錢被政府拿走,但執政者收錢的理由往往很充分。過去的稅吏人員比現在殘酷得多。在早期,農民和勞工如果無力繳納稅款,可能不得不將妻子或女兒賣為奴隸。對於必須納稅卻無從影響決策(例如投票權)的怨氣,觸發許多歷史事件,包括1215年簽署《大憲章》、法國大革命,當然還有波士頓茶黨和美國獨立戰爭。

「最難理解的事情是所得稅。」

——愛因斯坦

　　然而，與當今大多數國家的公民所要繳納的稅收相比，史上諸多情況下徵收的稅款幾乎都微不足道，通常不超過10%，並且是為支付戰爭所需才偶爾徵收的稅款，並非每年都會發生。如今，即使是不參戰的瑞士，也向普通勞工徵收約30%薪資的稅款。

徵稅的藝術

　　徵稅一事施行至今，有什麼演變？最大的改變，要算是20世紀下半葉福利國家和社會保障制度的出現。世界各國紛紛承諾為健康、教育、失業和老人福利及公共安全買單，不得不比以前花更多的錢，因此不得不籌集更多現金。而稅收就是答案。

　　除了**所得稅**（根據某個人的薪資扣除的金額），現在的政府可以在稅收清單裡選，選項包括：**營業稅**（sales taxes），也稱為從價稅（advalorem taxes），在購買物品時對其課徵的單一稅率，如燃料稅等；**資本利得稅**（capital gains taxes），對出售增值投資的利潤課稅；**營利事業或公司稅**（business or corporation taxes），對公司的利潤課稅；**遺產稅**（inheritance taxes），對亡故者的遺產課稅；**房地產稅**（property taxes），針對房屋交易課稅；**進出**

西元前 3000	1789	1798	1980 年代
古埃及稅收的第一個證據。	法國大革命開始，部分原因是反對高稅率。	小威廉‧皮特推出英國第一個所得稅。	柴契爾和雷根規畫了英國和美國的重大減稅政策。

口**關稅**（import and export tariffs），也稱為關稅（customs duty）；**環境稅**（environmental taxes）針對廢棄物排放；和**財富稅**（wealth taxes），針對資產持有者課稅。

在大多數國家，中央政府和地方政府都有權徵稅。地方政府更傾向依賴房地產稅；中央政府則徵收所得稅。

因此，自20世紀中葉以來，稅收制度具有雙重作用，即為保護公民的機構（軍隊、警察和緊急服務機構、法院和政治機關）提供資金，並將財富從有錢人手中重新分配給有需要的人。而且，通常隨著一國變得越來越富裕，從公民身上徵收的稅額也會增加。

亞當・斯密的徵稅守則

在《國富論》中，亞當・斯密設計了四項徵稅守則：

1. **人們應該按收入的比例納稅。**這意味著賺得更多的人應該繳納更多的稅。大多數國家實行累進稅制，收入較高的納稅人實際上比較窮的人繳納收入中的更大比例。他們面臨更高的稅率及稅費。稅收也可以基於固定比例（proportional，包括單一稅，每個人支付相同稅率）或累退（regressive，富人支付其收入或財富中的比例較低）。通常，在當今

「徵稅的藝術像是拔鵝毛，用最少的嘶嘶聲得到最多的羽毛。」
——法國財政部長（**1665—1683**）尚－巴蒂斯特・柯爾貝

李嘉圖等價（Ricardian equivalence）

李嘉圖等價理論（以提出比較優勢的經濟學家大衛・李嘉圖命名，參見第7章）建議，政府不應透過借貸來資助減稅。

減稅通常被視為提振經濟的好方法：讓人們口袋裡有更多的錢，理論上應該會出去花錢。然而，根據某些經濟學家的說法，如果減稅是由政府借貸來資助，那麼就不會產生提振經濟的影響，因為政府只是暫時減稅，未來還必須透過提高稅收或降低政府支出來償還。儘管李嘉圖等價定律破壞了所謂「無財源」（unfunded）減稅的理由，但很難阻止政界人士繼續這麼做。

的累進所得稅制度（progressive income tax systems），人們可以在薪資裡享有一部分免稅額，再在超出免稅額的部分支付某個特定比例（直到薪資達一定水準），然後在超出該水準的部分支付更高比例，依此類推。

2. **稅收要確定，不能隨意，繳納時間及方式要一目了然。**

3. **應該在便利的時間徵稅。** 例如，租金收入稅應在租約到期時繳納。

4. **除非必要，不要加徵稅賦，對公民和國家皆然。** 換句話說，稅收應該盡量不要干擾人們在日常生活中做出的選擇。例如，透過提高邊際稅率（即勞工比原先多工作一小時所支付的稅率）很容易就會阻止人們延長工時。然而，這議題的爭議很大，有些人認為稅制應該是鼓勵公民做某些「好事」、遏制他們做別的事情的工具。例如，大多數政府出於公衛原因，對菸酒徵收高額稅賦。

稅收的限制

稅收越高，人們避稅的誘因就越大。1970、80年代世界上許多政府都經歷過。有些勞工每多賺取一塊錢的收入，要支付70%或更高的邊際稅率。相對於加班，勞工傾向於減少工時、將多出來的收入投入退休金帳戶，或將現金轉移到海外避稅天堂。在按下按鍵就能將資金轉移到世界各地的時代，後者變得非常難防，結果，大多數政府別無選擇，只能盡量保持比其他國家更優惠的稅收。

儘管如此，稅收往往會隨著時間不斷增加和累積，稅制每年都變得更加複雜和不協調。引人注目的是，小威廉・皮特（William Pitt the Younger）在1798年推出英國第一個所得稅時，堅稱這只是為拿破崙戰爭買單的臨時措施。或許他當時就是這個意思吧！

一句話說稅賦

稅像死亡一樣，是避不開的。

22 失業
Unemployment

在經濟學中，一切最終都會回到失業。無論專家和政界人士如何關注一國的 GDP、通貨膨脹、利率或財富，「人們有沒有工作」仍是最簡單、最核心的問題。促進充分就業，往往是世界各政黨強調的首要承諾之一，儘管他們堅持這項承諾的程度可能有很大落差。

考慮到失業帶來的傷害，政府解決失業問題的決心是可以理解的；然而，正因為公司在發展過程中有雇人和解雇的能力，自由市場才能成為一種動態的經濟運行方式，如果房產經紀人看到房市低迷、進帳越來越少，可以嘗試透過削減行銷或事務成本來節省開支；但與裁員節省下的成本相比，這些微不足道。政府希望看到盡可能多的人就業，以及公司需要維持營運，這兩股力量的交互作用，塑造了勞動市場，而且決定了更為整體的經濟命運。

1933	1970 年代	1979
大蕭條時期美國失業率達到25%。	石油危機下，失業率急遽上升。	保守黨在英國的一則競選廣告中宣傳「工黨沒做事，勞工沒事做」，勝選為執政黨。

兩個勞動市場的故事

比較歐美兩地經驗。在歐洲大部分地區，勞動市場法規限制了公司解雇員工的能力，且確保公司支付員工最低薪資。但是，正如美國經濟學家湯瑪斯・索維爾在《經濟學的思考方式》（*Basic Economics*）中所說：「工作保障政策挽救了現有勞工的工作，但代價是降低了整體經濟的靈活性和效率，從而抑制了為其他勞工創造新的就業機會。」正因如此，歐洲創造就業機會的速度往往比美國慢得多，美國的勞動市場明顯更為靈活。

失業的定義

以最廣泛意義而言，失業就是指沒工作的狀態。然而，對經濟學家來說，這個定義還不充分。一個辦公室派遣人員就業中斷幾星期（摩擦性失業），和一個技能不再被需要的工廠技工沒工作，兩者有很大的區別。因為產業已經將大部分產能轉移到海外。派遣人員能很快重新投入工作，貢獻民營部門的經濟產出；而工廠技工往往需要再受培訓，而且通常要花相當長的一段時間，費用由國家資助。

為了區分不同情況，經濟學家分類了失業。根據國際勞工組織（ILO）嚴格定義，失業是指某個人失業但積極尋求重返勞動市場。2008年，符合這項描述的美國勞工比例為6.5%，而英國為5.6%，歐盟為7%。還有另一類屬於長期失業者，通常比例大得多（在英國為21%），包括學生、退休金領取者、

「最重要的總體經濟關係，可能是菲利普曲線。」
　　　　　——諾貝爾經濟學獎得主喬治・阿克洛夫（George Akerlof）

失業救濟金

在很多時候，政府實際上可能矯枉過正，讓失業保險的吸引力過大，反而鼓勵人們繼續失業。

哈佛經濟學家馬丁‧費爾德斯坦（Martin Feldstein）有項研究表明，對某些人來說，工作是不值得的。想想看一個時薪10美元或每小時領8美元失業救濟金的人：如果這個人去工作，要支付18%的所得稅和7.5%的社會安全提撥（social security contribution），淨薪資剩7.45美元。如果請領失業給付，他要付18%的稅，扣掉稅款後實得6.56美元。兩相比較下，他很可能會認為閒暇時間比工作每小時多領到的89美分更有價值。各國政府一直在鼓勵人們重回崗位和給予人們失業補助之間努力取得平衡。

全職母親及因疾病或殘疾而無法工作者。經濟學家也統計區分失業者的不同年齡層，這有充分理由。研究表明，如果你在十幾或二十歲出頭時長期失業，那麼此後較有可能陷入長期或永久失業之列。

如何衡量失業率

衡量失業的方法有兩種。傳統的方法是計算領取失業救濟金的人數。這樣做的問題是，並不是每個失業並正在找工作的人都會請領，通常是因為面子問題，有時是不在乎，有時是懷疑自己沒資格。而更符合現代狀況、可以說更全面的方法是調查人口中具有代表性的一部分。2009年，在英國有來自不同背景的六萬人失業。

失業率往往會隨著整體經濟發展的走勢而起起伏伏。大蕭條時期的美國，失業率曾高達25%。只是，失業率永遠不會降到零。事實上，出於所有政府降低失業率的良好動機，即使經濟一直在強力成長，失業率很少低於工作人口的4%。

實務上，即使有合適工作，充分就業也是不可能的，部分原因是，即使有合適工作，人們求職也需要時間；部分原因是隨著經濟發展和技術進步，某些勞工難免會缺乏從事特定

失業率	
（占勞動人口的百分比）	
	2022年2月
法國	7.3
美國	3.8
德國	3.1
英國	3.7
日本	2.7

資料來源：財經M平方

工作所需的技能。通常還有一種情況會提高失業率：由於最低工資法規或工會的薪資談判能力，公司必須給勞工高於其所值的薪資。同樣地，失業救濟金也會鼓勵某些人繼續失業、不去找工作。因此，各國皆存在著經濟學家所謂的「自然失業率」，也就是長期平均失業率。

英國最著名的經濟學家之一，威廉・菲利普（A.W. Phillips）觀察到，失業率和通膨率之間存在著一種微妙的關係：如果失業率低於一定水準，就會推高工資，進而推高通膨，因為公司準備付更多錢來留住員工；相反地，高失業率則會壓低通膨。用經濟術語來說，通膨和失業之間存在負相關。菲利普的理論催生了經濟學中最歷久不衰的模型之一 —— 菲利普曲線，將這種負相關以圖像方式呈現出來。舉例而言，如果想把失業率維持在4%的水準，菲利普曲線表明，政府將不得不接受6%的通貨膨脹率。如果想將通貨膨脹率限制在2%，則不得不接受7%的失業率。

　　著名經濟學家傅利曼與埃德蒙・菲爾普斯（Edmund Phelps）共同推演了這個想法，設計「非加速通貨膨脹失業率」（Non-accelerating Inflation Rate of Unemployment，簡稱NAIRU）理論。其目的在於，儘管政策制定者可以依循菲利普曲線在短期內降低失業率，但最終將回升至自然失業率（同時透過降低利率來提振經濟的努力，將會促成更高的通膨，但那是另一件事了）。

　　政界人士仍然向人民承諾比現實更多的工作和更高的就業機會。然而，經濟學家會提出令人沮喪的反駁，充分就業實際上是不可能的。

一句話說失業

失業率不可能為零。

23 貨幣和匯率
Currencies and exchange rates

幾年前，美國聯準會的專家建立了一個模型，預測世界主要貨幣的未來趨勢。他們獲得的外匯市場訊息比任何國家的經濟學家都多，對成功充滿信心。努力幾個月後，終於到了機器啟動的時刻……

幾天後，實驗很明顯完全失敗了。根據當時的聯準會主席葛林斯潘的說法：「投入時間、人力物力的報酬率為零。」這樣的結果或許不足為奇。人們試圖揣測貨幣走勢，外匯市場，每年都會吸引數兆美元的投機性投資。但外匯市場可以說是所有市場中最不穩定和不可預測的。

當我們出國旅行，便會成為某種程度的貨幣投機者。一旦將美元或英鎊換成披索或歐元，就是在投資該種外幣，當我們返國時，外幣的價值可能上漲或下跌。

貨幣市場

貨幣市場，通常稱為外匯（foreign exchange，縮寫為 Forex），是投資人買賣貨幣的地方。貨幣市場是世界上最古老的金融機構之一，可以追溯到羅馬時代或更早，只要有貨幣和國際貿易的地方就存在。但羅馬人會對今天發展出的市場規模、複雜性和國際廣度大感震驚。

每年，投資人買賣價值數兆美元（或歐元、英鎊）的貨幣。有時是公司，想確保他們的利潤不會被匯率吃掉，例如，如果美元走強，從美國進口

商品變得更昂貴。他們就會尋求貨幣對沖（避險操作）以規避風險。有時是政府，透過干預貨幣市場以確保自己的貨幣保持在一定匯率水準。有時是預感某種貨幣即將暴跌的專業投資人和避險基金經理。有時只是像你我一樣要出國遊玩的人。

貨幣漲跌

　　貨幣漲跌的原因有很多，但有兩個影響特別大。首先，也是最重要的，一種貨幣往往會隨著相關國家（或發行該貨幣的司法管轄區）經濟健康狀況的判斷而漲跌。

　　其次，貨幣投資人傾向於追逐殖利率（yield）最高的貨幣。如果一個國家的利率很高，意味著其發行的政府債券和其他投資機會將比其他利率非常低的國家提供更高報酬。世界各地的投資人會大量買進，由於投資該國的需求升高，該國貨幣就會漲價（升值）。相反的，如果一國的利率低，並且人們不願再持有以該國貨幣計價的投資，該貨幣就會跌價（貶值）。

1944	1966	1979	2002	2005
布列頓森林協定。	布列頓森林體系開始崩潰。	歐洲匯率機制建立。	歐元被全面採用。	中國放鬆對人民幣的匯率控制。

歐元和貨幣聯盟

最著名的貨幣聯盟是歐元 —— 為27個歐盟成員國中的17個國家所組成的貨幣聯盟（截至2022年6月），不同國家共享單一貨幣。以歐洲匯率機制（ERM）為先導，該機制確保潛在成員國的經濟保持同步，歐元於2002年全面推出，取代了每個成員國各自的貨幣。

由於各國政府尋求經濟政策的獨立性，過去其他貨幣體系的嘗試都失敗了，歐元的成功，在於創始國建立了中央銀行來為整個歐元區設定利率，並就政府可以借款及貸款的限額達成協議。2008年，波斯灣國家和拉丁美洲國家曾就可能建立貨幣聯盟個別地進行了談判。

浮動匯率還是固定匯率？

自1970年代以來，西方幾乎每一國都採浮動匯率，由市場決定本國貨幣相對於其他貨幣的漲跌變化。然而，也有明顯的例外，有些國家將其貨幣與另一種貨幣或一組貨幣（又稱一籃子貨幣）掛鉤。最著名的例子是中國，中國政府透過在必要時購買以美元計價的資產嚴格控制人民幣兌換美元的匯率。

還有些國家如果判斷貨幣被高估或低估，也偶爾會進行干預。自20世紀末以來，日本和歐元區都曾這樣做。有大量證據顯示，以這種方式固定匯率對脆弱的新興國家非常有利，因為能提高經濟和匯率的穩定性，鼓勵投資並有助於貿易關係。

直到最近，浮動利率才成為世界上的常態。在19世紀和20世紀的大部分時間，各國政府都保持貨幣匯率不變。在金本位（the Gold Standard）時代，

政府將貨幣價值與國庫中的黃金數量掛鉤。當時的想法是，黃金是一種通用貨幣，在世界任何地方都具有同等價值。

金本位制改善了全球貿易，因為企業不必擔心出口去的國家貨幣升值或貶值會影響利潤。問題是開採的黃金數量趕不上貿易和投資的成長。金本位制最終成為快速成長經濟體的主要限制因素，並在經濟大蕭條時期被許多國家放棄。

布列頓森林體系

二次大戰後，有一群經濟學家和政策制定者在美國新罕布夏州布列頓森林小鎮的華盛頓山飯店設計一套新的國際匯率監管體系。他們提出了一種固定匯率制度，這次是與美元掛鉤，因為當時的美國顯然是世界經濟超級強國，而美元匯率恰好是固定的，其價值與黃金是掛鉤的。每一國都承諾將其貨幣釘住美元，換句話說，要確保其價值保持相等於特定數量的美元。

然而，將某種貨幣與另一種貨幣掛鉤的問題在於，該國便會失去某些控制經濟的能力。當貨幣聯盟中的某一國提高利率時，其他國家也必須跟進，否則就有引發嚴重通膨螺旋的風險。布列頓森林體系的約定於1966年開始瓦解，但正如我們即將看到的，這並不是主要的貨幣體系最後一次崩潰。

「美元可能是我們的貨幣，但貶值是你們的問題。」
——尼克森時期財政部長約翰‧康納利（**John Connally**）
對歐洲各國的央行行長表示

貨幣投機

　　有些人認為固定匯率制度可能會掩蓋貨幣的真實價值，近年來屢次發生投機者對一國貨幣發起攻擊，認為不可持續釘住（基準貨幣）而將其拋售。這在1990年代後期的金融危機期間發生在亞洲各國，更惡名昭彰的是英鎊。1992年9月的「黑色星期三」，在以避險基金富豪喬治・索羅斯（George Soros）為首的投機者襲擊英國後，英國被迫放棄短暫的ERM成員資格。儘管英國財政部將利率提高到兩位數之高，仍無法阻止資金從英鎊撤離，並最終放手，導致英鎊兌換世界其他貨幣貶值（depreciate）。對英國經濟來說，這是痛苦的一天，一天內精準快轉了一種貨幣的水準如何直接反映對一個國家經濟政策的判斷。

一句話說貨幣和匯率

匯率是一個國家地位的晴雨表。

24 國際收支
Balance of payments

近期以來，很少有經濟新聞像國際收支統計數據那樣令人引頸期待。一國與世界其他地區的金融和經濟互動的具體內容，以及GDP，是評估該國經濟體質最重要的因素之一。儘管我們不再像以前那樣在意於國際收支統計，但它仍然是一國的國際經濟關係的重量級指標。

鑑於國際收支涵蓋了流入及流出一國的所有貿易，包括從海外注入該國的資金，或者諸如匯款給住在國外的家人和商業夥伴的錢，國際收支的重要性再怎麼強調也不為過。國際收支表明一個國家在一段時間內是否在向他國借款和過度擴張，亦即可能累積未來的麻煩；或是借現金給其他國家以換取商品。最終，國際收支表現反映出一國經濟是否能維持繁榮，抑或必須尋求國際貨幣基金的援助才得以周轉。

1901 – 1932	1944	1970 年代	1998	2008
使用金本位制度。	布列頓森林協定固定匯率。	尼克森宣布放棄布列頓森林體系。	俄羅斯面臨國際收支危機，被迫不履行主權債務。	冰島、烏克蘭和拉脫維亞等國被迫尋求國際貨幣基金援助。

不同類型的赤字

國際收支記錄了一個國家與世界其他地區在特定時期（通常是一個季度或一年）之間的金融和經濟流動。它包括公共或國有部門和民營部門，不應與記錄政府支出和借款的預算或財政帳相混淆。

經常帳和資本帳

國際收支由兩個主要部分組成：經常帳和資本帳。

- **經常帳（The current account）**：經常帳衡量一個國家商品和服務的流入和流出。這通常被稱為有形貿易（實物商品）和無形貿易（為法律諮詢、廣告、建築等服務支付的現金）。如果一國進口的商品和服務明顯多於出口，那麼將出現巨額經常帳逆差。自1980年代以來，美國和英國幾乎每年都出現巨額經常帳赤字，因為對世界其他地區的進口總是多於出口；另一方面，擁有巨額經常帳盈餘的國家一直是主要出口國：從歷史看來，有德國和日本，以及最近的中國，因為向世界各地輸出大量商品而被冠上世界工廠的標籤。經常帳還包括任何單方面匯款到海外，例如外國援助和饋贈，以及移工匯給海外家人的現金。

- **資本帳（The capital account）**：儘管一國的經常帳可能出現逆差，但必須在其他地方平衡回來（因此達到收支平衡）。如果日本向美國人賣出價值100萬美元的汽車，那麼日本就會留下這些美元，需要將其

平衡收支

如果一個國家的經常帳出現赤字，就必須透過資本帳中的相等盈餘來平衡，資本帳用於衡量海外投資的現金和從現有投資中獲得的現金。因此，例如英國人和英國公司往往從外國投資中賺取可觀的收入，略微抵消了英國龐大的經常帳赤字。

令一國能夠負荷貿易逆差的唯一方法，是其他國家願意購買以該國貨幣計價的資產，無論是美元、英鎊還是披索。

用於投資美國或存入美國銀行帳戶。因此，比方說，中國在整個1990年代和2000年代對美國和西方國家貿易中擁有巨額順差，它利用堆積如山的美元外匯來購買價值數兆美元的美國投資標的，從國債到大公司股票等。

無害的赤字

經常帳赤字通常與貿易赤字同時出現，表示一國正在向其他國家借款，讓自己擁有資金，其對消費的興趣超過了生產商品以滿足需求的能力。這看起來可能有些令人擔憂，其實大可不必，或只需稍微擔心。一國有一定程度的經常帳赤字，可能是完全健康的現象。

在整個1980年代，以及21世紀初，美國經常帳赤字一直備受關注，赤字

超過7,500億美元，占GDP的比例達到創紀錄的6%，而英國的經常帳赤字比例也與此近似。

有人提出警告，這些國家可能會經歷一場全面的國際收支危機。當國際收支的一部分（通常是經常帳）不能提供另一部分資金時，就會發生這種情況。史上已經發生多次，例如在1990年代後期的亞洲金融危機和同時期的俄羅斯金融危機。這些國家有巨額經常帳赤字，當世界各地的投資人意識到它們正在嚴重衰退，開始拒絕買任何以盧布（俄羅斯）、泰銖等計價的東西。這意味著資本帳無法再平衡經常帳赤字。這種情況不可避免會導致嚴重、必然發生的經濟危機。

然而，大多數赤字可以安全地維持多年。當一個國家出現巨額經常帳逆差時，通常會發生的不是危機，而是其貨幣相對於其他國家貨幣貶值。隨著匯率下降，該國出口的產品變得更便宜，因此對外國人更具吸引力；這反過來又會促進該國商品的海外銷售額，從而降低經常帳赤字。因此，在浮動匯率的國際體系中，經常帳赤字是不可避免的，通常也能自我校正。

「我們的國家一直表現得像一個擁有大農場的超有錢家庭。為了消費比產出多**4%**（就是貿易逆差）⋯⋯我們每天都賣掉農場的一部分，並增加我們仍然擁有資產的抵押貸款⋯⋯」

——華倫·巴菲特（Warren Buffett）

密切關注赤字

　　情況並非總是如此。如前一章所述，史上各個階段都有固定匯率制度，最著名的是19世紀和20世紀早期的金本位制，其次是1945年至70年代的布列頓森林體系固定匯率制度。在這些時期，經常帳赤字國不得不放慢經濟成長速度，使它們恢復平衡。政治家和經濟學家應該徹查國際收支統計數字，藉以分析它們對經濟是好兆頭還是厄運。

　　即使世界沒有回到固定匯率體系，監測各國經常帳是否有逆差或順差，並確定其國際收支結構仍然很重要，這些統計數字是衡量各國未來能否保持繁榮的重要評價標準。

一句話說國際收支

某個國家的國際經濟關係分類帳。

25 信任與法律
Trust and the law

一公斤有多重？這似乎是個怪問題：我們大都知道撿起一公斤重的東西，或者是一磅或一塊石頭是什麼感覺。然而，世界上只有一樣官方稱重為一公斤的物體，位於法國巴黎郊外一個有人看守的金庫中。國際公斤原器（International Prototype Kilogram）是1889年由鉑、銥製造的小圓柱體，是校準世界上所有天平的物體。

這塊金屬受到嚴密保護，因為許多人會擔心如果它被損壞或遺失，全球商務將陷入停頓。一家從世界另一端的工廠購買一噸鋼材的公司，不能再確定所收到的數量是正確的，並且不因使用未校準的秤而有短少。

制定標準

少了由國家和世界各地法律規定的官方標準，經濟就無法發揮其最大作用。此外，即使是自由市場最堅定的支持者（他們認為從中央銀行到電力公司和道路規畫員，幾乎所有企業都應該民營化）都同意，人們仍然需要政府來執行法律和財產權。如果沒有這樣的法律，自由市場將無法正常運作，整個社會將陷入無政府的失序狀態，這是經濟學之父亞當・斯密在18世紀就指出的危險。

人們需要政府強制執行人和企業之間的合約，並制定公民應遵循的標準。人們需要確定，如果已經擁有了某些財貨，就不會被任意沒收，偷拐搶騙者也不會逍遙法外。

資本主義對於「信任」是極度依賴的。當銀行要借錢給某個人，是否放貸取決於相不相信此人能還款。同樣，只要國際投資者相信一國在未來不會違約，該國就有能力大量借款。

一個交易中的某一方不僅需要信任另一方，還須以「信任」構成交易的支柱。因此，政府的首要角色在於建立一個穩定、公平的財產制度和其他合法權利，人們可藉以向違法者究責；而提供社會福利、決定利率或財富重分配，並非政府的要務。

英國在工業革命期間蓬勃發展，主因是其法律體系被認為高度可靠。這與許多歐洲國家恰成對比，在歐洲，戰爭和爭端經常使財產權備受質疑，以致土地所有人永遠無法確保其財產的完整所有權，如果財產權利受損，也得不到國家的支持與保障。

529	1100 – 1200	1700 – 1800	20 世紀後期
拜占庭查士丁尼大帝在《查士丁尼法典》中奠定了現代民法的基礎。	普通法系起源於中世紀的英格蘭。	商事法開始載入國家法律體系。	歐盟成立後，在歐洲建立了新的法律層次。

被低估的貧民區財產權

窮人真的像我們想像的那麼窮嗎？秘魯經濟學家埃爾南多・德・索托（Hernando de Soto）認為，世界上許多最貧窮家庭之所以這麼貧苦，僅僅是因為對自己的財產沒有合法權利。某個家庭可能多年來一直住在里約附近貧民窟的簡陋小屋，但由於在窮人只有非正式的財產權和合法權利，受到當地惡霸和民防武力的擺布（可能會來偷竊或破壞他們的家）或政府的支配（可能會將居民趕走）。

德・索托認為，對策是賦予這些人對財產的合法權利。這樣一來，他們不僅有誘因去保管財產，而且還可以藉由房屋擔保來借錢。他認為，開發中國家窮人擁有的房產總值已達到近三十年來外援總額的90多倍。

智慧財產權

不僅實物、可見財產的權利需要受到保護，思想和藝術創作等無形財產的所有權亦然。如果發明家知道，一旦發明完成就會被掠奪（喪失工作的回報），創新就幾乎沒有誘因了。

因此，要使經濟正常運作，政府必須確保穩定的專利和其他智財權體系。例如，版權在一定時期內保護作家免受抄襲。

近年來，由於中國和印度等新興經濟體的崛起，智財權受到了嚴格審查。在這些國家，智財權和通用標準的規範及法律已被證明難以維護。因此，根據西方藥物公司的研發結果，這些國家的公司能生產出廉價且未經許可的藥物仿製版。儘管消費者起初樂於接受，但隨後又對商品是否值得信賴

產生了擔憂。例如，有些在中國生產的假藥被證明無效或實際上是有害的。

免費共享檔案？

近年，關於智財權的爭論達到了高峰，因為現代技術使得無形思想的傳播變得很容易。在打開電腦的幾分鐘內，你就可以非法下載流行金曲或新上檔的電影。這些藝人並沒有拿到演出費，看起來你的娛樂是免費的 —— 回到天底下沒有免費午餐這個經濟法則 —— 誰會真正為此買單？

答案是我們都在買單，儘管是間接的。隨著藝人收入減少，他們創作更多作品的誘因也減少了；受相關行業所吸引的創作者就越來越少，最終市場上的音樂和電影品質就下降了。傳統經濟學會強烈主張，政府有責任確保這類盜版盡可能少發生，儘管也有些人聲稱許多藝人的收入夠高，能承受版稅減少的影響。

公地悲劇

對財產權不保障或保障不足，會對經濟體帶來極大傷害。賦予人們合法所有權，讓他們可以自由對財產投資更多，以期待其增值。如果你擁有一幢公寓，更有可能花錢和時間來粉刷牆壁，而不只是蹲在裡面。有種「公地悲劇」的狀況，是人們會濫用資源，因為該項資源未被特定人擁有（參見第1章）。

在共產主義時期，西方經濟學家訪問蘇聯時，發現儘管該國遭受重大糧食危機，但農民仍會讓肥沃的土地休耕，讓農作物在田地或倉庫中白白浪費。問題就在共產制度下，當時他們對農作物沒有直接的財產權，更沒有努

力耕種和生產更多食物的誘因。北非大片沙漠成為沙漠的部分原因，不僅僅是出於氣候或土壤條件；其實，透過努力和投資，這些沙漠區可以回復為草原。因為這片土地被游牧民族及畜群使用，他們少了照看這片土地的誘因，因為過了一段時間就會繼續遷移。結果就是牧場往往因無限制放牧而被破壞。

因此，政府不僅必須確保人們尊重法律和契約，還必須制定恰當的法律，以確保人們會為繁榮的經濟做出貢獻。同時，政府必須確保某些標準規格的穩定性，如重量、長度等度量衡規制。

一句話說信任與法律

信任與法律是不可替代的社會基礎。

26 能源和石油
Energy and oil

各種商品對全球經濟都很重要。沒有鋼鐵或混凝土，全世界建築業將陷入停頓，而為我們提供電力的電網則依賴銅電線。然而，在過去一世紀裡，沒有任何商品像原油一樣重要，或是一樣麻煩。

過去五十年，石油價格曾三度飆漲，大幅推高了已開發國家的生活成本。前兩次價格上漲主要是出於政治原因，而第三次主要是由於經濟因素。每次價格飆升，都迫使政界人士深入探究人類與能源的複雜關係。

這種關係自古就有。自史前時代以來，人們就利用自然資源來提高生存能力，首先是透過燃燒木材和泥炭維生。接著，在工業革命是燃燒煤炭以產出蒸汽動力。20世紀，石油和天然氣等其他碳基石化燃料（這樣稱呼是因其來自地殼中沉積的死去動植物的化石殘骸）成為主要能源。現代社會對石油產品的使用已經根深柢固，以至於很容易忘記，沒有石油就不會有汽車或航空旅行，而且絕大多數發電廠都會關門。但石油也不僅僅用於能源；有16%的石油被用於製造塑膠製品，以及各種藥品、溶劑、化肥和殺蟲劑。

「我們有一個大問題：美國石油成癮，而石油通常是從世界不穩定地區進口的。」

——美國總統小布希

OPEC 和兩次石油危機

　　儘管美國、英國和挪威等已開發國家有豐富的石油蘊藏量，但世界上更大比例石油儲存在中東和某些政治動盪地區。最主要的是沙烏地阿拉伯，擁有世界已知蘊藏量的五分之一。1970 年代，為應對中東一系列政治問題，擁有大量礦藏的石油生產國家聯合起來成立石油輸出國家組織（OPEC）。OPEC 被設計成卡特爾，即有一群賣家聯合起來控制價格。在 1973 至 1975 年間，它們停止了大部分的石油生產，導致的全球供應不足使石油價格漲了一倍。

　　結果，美國的通貨膨脹率躍升至兩位數，經濟成長停滯不前，美國和某些西方國家面臨停滯性通膨（參見第 19 章）。同期，美國的失業率從 4.9% 上升到 8.5%。

　　同樣狀況在 1980 年代初再次發生，後果更為可怕，因為這次前聯準會主席保羅‧沃克透過高利率來對抗通膨上升，將失業率推高到 10% 以上。危機最終在與沙烏地阿拉伯的政治協商後緩和，同時 OPEC 受到經濟現實的打擊：當石油買家減少，意味著 OPEC 收入減少，為了提高收入，卡特爾成員國開始供應高於配額的石油。

20 世紀初期	1973 – 1975	1980 年代初期	2007 – 2008
私人駕車越來越流行，從而大幅增加對石油的需求。	第一次石油危機。	第二次石油危機。	油價飆升至歷史高位，但隨著全球經濟衰退，又急遽下跌。

一種特殊商品──石油

與玉米、黃金等其他大宗商品一樣，石油（和天然氣，兩者密切相關，表現類似）是一種可以在期貨市場上交易的資產（參見第30章），其價格隨著供需的上升和下降而漲跌。然而，能源商品之所以不同，主因有二。

首先，能源對國家的運作非常重要，因而政界人士傾向於視能源安全為國家安全問題，一扯到政治，關於供給、需求和價格的基本假設，往往就不靈了。

其次，直到近幾年，能源價格才開始反映污染給社會帶來的長期成本。燃燒石化燃料會釋放出多種氣體，大多數科學家認為這與全球暖化直接相關。這類活動的間接影響，是人們可以對無辜的旁觀者帶來傷害或造成代價高昂的損害，不必付出代價或承擔責任，經濟學家稱之為「外部性」（參見第45章）。

第三次石油危機？

從21世紀初到2008年，油價上漲了七倍。按實際價值計算（已計入通貨膨脹影響），已經超過了1970年代達到的高點。然而，雖然前兩次危機是由OPEC行動引發的具體政治危機，但這次危機在本質上更具投機性。

諸如避險基金經理人等的投資者在2008年買進數百萬桶石油，猜測油價還會繼續飆升。部分理由是中國和其他快速發展國家在未來幾年將需要大量石油。另一個理由是，石油是有限的資源，在未來某個時候可能會耗盡。事實上，許多人認為石油產量已經過了頂峰，未來幾年產量不再可能像以前一

樣多。如果這樣的理論是正確的，那麼，各國要不是去找新的能源來源，就是要接受生活水準不可避免的下降。

在2003年美國入侵伊拉克和推翻海珊之後，恐怖分子越來越傾向瞄準中東、奈及利亞等地的石油鑽井平台和煉油廠，這讓潛在買家有另一個理由擔心供應問題。在此同時，也發生供需不平衡的狀況，中國和某些發展快速的開發中國家迅速崛起，意味著能源需求達到了創紀錄的水準。綜合影響是在2008上半年將油價推高至接近每桶150美元。

油價上漲再度推高了全球通膨，但當時的全球金融危機導致經濟嚴重下滑，到2008年底，油價迅速回落至每桶40美元以下。

儘管已開發國家繼續消耗的石油數量持續創紀錄，但自1970年代以來，其經濟成長多1美元所需的石油量已經減少。根據美國能源部數據，過去的二十五年裡，GDP每1美元的能源消耗，以年均1.7%的速度下降。

替代能源

有鑑於1970年代的能源危機，企業和政府開始尋求提高能源效率、減少對石油依賴的新方法。車廠設計出更省燃料的引擎，特別是在日本和歐洲，高燃油稅讓效率成為車廠和各企業關注的重要目標。許多國家紛紛轉向核能，儘管1986年發生車諾比輻射外洩事件後，核能的使用暫時下降。各國也著手研究不直接依賴石化燃料的其他能源。例如，大多數西方國家現在已經制定了規模日漸擴大的太陽能、風力、波浪（潮汐）能或地熱發電計畫。近年，面對能源危機的衝擊，對替代技術的需求和追求益形強烈，大車廠都在製造可以透過市電充電的油電混合車和純電動車。

　　儘管其中許多技術還不算成熟，但採用替代能源表明，即使在缺乏彈性的市場（即消費者因價格上漲而相對緩慢削減開支），面對供需失衡，人們仍會自然而緩慢地適應新形勢，並改變他們的行為。

一句話說能源和石油

因應石油短缺，要靠創新。

第 4 部

金融與市場
FINANCE AND MARKETS

27 債券市場
Bond markets

美國前總統柯林頓的競選幹事詹姆斯・卡維爾（James Carville）說：「我曾認為，如果有轉世之類的事，我想以總統、教皇或打擊率0.400的打者身分回來。但現在我想轉世回來當一個債券市場，可以恐嚇所有人。」

公司和政府籌集資金的國際債券市場遠不如股票市場（股權、債權彼此相對應）那麼眾所周知和普遍了解，但債券市場在許多方面都更重要、更有影響力。債券市場可以確定一國能否以低成本籌到現金，對戰爭、革命和政治鬥爭的進展影響很大，並在幾個世紀以來對人民生活的方方面面產生了深遠影響。即使在和平時期，政府籌資能力對公民來說也非常重要：要支付的利率越高，整體經濟的借貸成本就越高。所以，若是忽視債券市場，可就太危險了。

主權債券（由國家政府發行或政府支持的機構所發行的債券）的價格展現了政府的信譽度、籌集現金的難易度以及人們對國家政策的看法。如果政府無法在債券市場募到資金，就難以生存。

債券本質上是一種借據，承諾在未來某個時間向持有者支付特定的一整筆款項，以及在債券的整個生命週期內支付一連串利息，通常是每年付一次。典型的政府公債，比如10萬美元，會持續在幾年到半個世紀不等的期間支付固定在4%至5%左右的名目利率，也就是票面利率。債券一旦發行，就可以在紐約、倫敦和東京等金融中心的大型國際債券市場進行交易。

利率是關鍵

　　債券市場的真正力量在於，市場為債券確定的利率可能與債券的票面利率完全不同。如果投資人認為某個政府：（一）有違約風險；或（二）可能推高通膨（這從許多面向上看也相當於違約，因為通膨會侵蝕債券的價值），會傾向拋售該政府的公債。這會帶來壓低債券價格、推高實際支付利率的雙重作用。

　　這在經濟學是有道理的：某項資產的風險越高，投資人為買進資產支付的費用應該越少，持有資產的補償（亦即利率）應該越大。

　　假設有1萬美元的美國國債，利率為4.5%（也稱為殖利率）。在其兌現週期內（可能是十年、二十年或更久）將每年向持有人支付450美元。對於以發行價購買債券的人來說，這代表4.5%的利率。但是，如果投資者不再信任美國政府的信譽，並開始出售手上債券，會怎麼樣？價格可能會降至9,000美元。以這個價格，一年450美元的回報，實際上對新接手的投資者來說，殖利率是5%。

1693	1751	1815	1914	1988
英國政府發行第一支現代形式的主權債券——聯合養老債（tontine）。	英國在廣受歡迎的統一公債的幫助下增加國債規模。	滑鐵盧戰役後，納森・羅斯柴爾德在債券市場獲利豐厚。	債券市場未料到第一次世界大戰開打，導致戰爭爆發後債市動盪。	避險基金長期資本管理公司（Long-Term Capital Management）倒閉後債券價格飆升。

從AAA級到C級

無論是由國家還是公司發行的債券，都被認為是最安全的投資之一。當公司倒閉時，債券持有人在賠付的排序上位居前列，而股東必須排在後面，那時大部分現金可能已經付掉了。然而，債券的違約機率是投資人的關鍵考慮因素，因此已設有一個複雜的工具，指引投資人了解特定債券的安全性及方方面面。如標準普爾（Standard & Poors）、穆迪（Moody's）和惠譽（Fitch）等信用評等機構，會根據違約的可能性對政府公債和公司債進行評等，範圍從最優質的AAA級到C級。通常，評等為BAA或以上的債券被視為「投資級」，而低於此評等的債券則被稱為「垃圾債券」。

　　債券的市場利率非常重要，會影響政府未來發行債券、並仍能找到買家的利率。如果政府要為每週發行的幾千張債券找買家，必須使初始利率（票面利率）能因應現有債券的市場利率。債券必須支付的利率越高，借錢就越困難，被迫削減的利潤也就越多，難怪會讓柯林頓的競選總幹事詹姆斯·卡維爾覺得這個市場太嚇人。

　　由於世界各國政府通常必須借款以保持預算平衡（參見第38章），因此要定期發行新公債。在美國，最常見的政府公債類型被稱為 Treasury bills（期限在一年以內的短期國庫券）、Treasury notes（期限在二年到十年內的國庫券）和 Treasury bonds（期限超過十年的國庫券）。在英國，它們被稱為金邊證券（gilt-edged security 或 gilts），因為政府被視為高度可靠的債權人。

債券發展史

　　債券起源於中世紀義大利，城邦之間經常交戰，會強迫較有錢的公民借給政府一定金額，以換取定期支付的利息。儘管現代投資人並不會被迫買債券，但在美國和英國，大部分政府公債由公民持有，主要是透過他們的退休基金。因為政府公債被認為是風險最低的投資，退休基金不得不投入大部分現金。

　　直到拿破崙時代，債券市場才真正具有影響力，到了這個階段，英國政府發行了各種主權債券，包括最早的聯合養老債（tontine），以及最受歡迎的統一公債（consol，政府保證對該公債的投資者永久期支付固定利息），至今仍然存在。在19世紀上半葉，納森・羅斯柴爾德（Nathan Rothschild）透過有效地壟斷整個歐洲的債券市場，成為世界上最富有的人之一，並且可以說是歷史上最有權勢的銀行家。他對一國公債的認可與否，產生了深遠影響。如今，許多歷史學家認為，法國在拿破崙戰爭的最終失敗，與其說是出於戰略決策失誤，不如說是因為法國傾向於不履行債務，結果無法為打仗籌措到足夠的現金。

「我一點也不在乎股票和債券，但我不想在當上總統的第一天就看到它們下跌。」

——美國總統老羅斯福

殖利率曲線

　　也許以下這件事最能顯示債券市場的重要性，債券的行進路徑可以為特定經濟體的未來提供最佳線索。殖利率曲線是衡量某一特定時間、各種不同天期政府債券的利率所呈現的曲線。在所有其他條件相同之下，即將到期的債券的利率應該低於幾年後到期的利率，這反映了未來經濟可能成長、通膨即將上升的事實。然而，殖利率曲線有時會倒掛，意味著最早到期的債券利率高於未來幾年到期的債券利率。

　　這是一個相當可靠的跡象，表明經濟正在走向衰退，因為這意味著未來幾年利率和通膨將下降，而這兩種現象通常是經濟衰退的指標。這是每個人的經濟命運與債券市場狀況密不可分的另一個例子。

一句話說債券市場

債券是政府融資的基礎。

28銀行
Banks

企業與人不同，生來就不平等。有些公司停業，人們會想念它，但日子還是繼續過；但是某些公司倒閉，會導致大部分經濟和社會崩潰，後者說的就是銀行。

銀行和金融公司，不僅讓我們存入省下的現金，並在需要時借錢給我們，而且充當經濟中輸送資金的主幹道系統，這就是為什麼銀行通常被稱為**金融中介機構**（financial intermediaries）。關鍵功能是將資金從想出借的人那裡大量轉移給想借入錢的人。

幾個世紀以來，銀行一直是社會結構的一部分 —— 事實上，「銀行」這個詞起源於拉丁語 *banca*，指的是古羅馬貨幣兌換商在庭院裡設置的長形辦公桌，用於外幣買賣。

無論是貧是富，一個經濟體要正常運作，它得要有發達、健康的金融部門。因為公司和個人總是需要借到錢，才能開始、進而建立像樣、吸引人、有創造力的公司。少了銀行，幾乎沒有人能夠購屋置產，因為大多數人需要房貸才買得起。

「與創辦銀行相比，搶劫銀行算什麼？」
　　　　　　　　——德國劇作家貝托爾特・布萊希特（**Bertolt Brecht**）

同樣，作為交換媒介的銀行有重要作用。想像一下，沒有銀行的日子要怎麼過。我們使用銀行卡、信用卡或支票來支付大部分購物費用，因此，銀行幾乎間接參與了我們進行的每一筆交易。

有些銀行規模超大，近來甚至包山包海，業務從人們的投資到擁有工業集團和經營飯店。通常，銀行力量太強、支配領域太廣，會引人怨恨，人們認為銀行是寄生蟲，以他人的財富為食，來增殖自己的財富。這些批評者有時說得有理；一家又一家銀行在2000年代後期倒閉，它們大部分的業務擴張，很明顯並非出於基本面成長。然而，有個顯而易見的事實，如果沒有銀行，人們就無法借款或投資，如果他們要過上有效率、有報酬的生活，借款、投資是少不了的。

銀行如何賺錢？

無論你身在何處或何國，銀行的基本結構和商業模式基本都相同。

銀行的獲利來源首先是：對借出去的錢，收取比作為存款的錢更高的利息（意即貸款利率高於存款利率）。兩種利率之間的差距（或稱價差）使銀行能夠透過提供存貸服務而獲得一些利潤，而且你的貸款風險越大（即你的信

西元前 5	1397	19 世紀	1933	2007
最早的銀行業案例出現在古希臘。	世界上第一家被承認的銀行──美第奇銀行成立。	羅斯柴爾德家族稱霸歐洲銀行業。	為了保護存戶的現金，設立了美國聯邦存款保險公司，最初每戶保障額度為5,000美元。	英國北岩銀行發生擠兌；隔年，美國印地麥克銀行倒閉。

準備金

現代金融的關鍵是一套名為部分準備金的銀行系統。假設你的銀行帳戶中還剩1,000英鎊。你不太可能需要一下子全部領出來。儘管你最終可能需要用光儲蓄，但實際上，你只是偶爾親臨銀行櫃台、使用自動提款機（ATM）或用銀行卡來提取一小部分錢。

因此，銀行不會將這些現金留在金庫中，而傾向於只保留一小部分準備金，根據對這筆錢的預期需求量來改變數額。中央銀行通常會控制銀行必須持有的準備金數量，例如，在美國，準備金要求（即法定準備率）通常為10%，意即當存款為100美元的銀行，可以出借其中90美元的存款。

這很有經濟學的意義。銀行善用存進來的錢，將機會成本最大化，而不是任錢閒置，這麼做的效率要高得多。然而，對於更廣泛的經濟而言，卻有很大的副作用。透過將這筆額外的現金借出去，銀行會增加社會的貨幣供給量，同時推高通膨。

用評等越差），價差越大。這就是為什麼房貸可能有八成、甚至更高比例的人通常被收取更高利率。畢竟，這些貸款更有可能違約，銀行會有大量現金收不回來。

其次是銀行提供客戶其他金融顧問和服務，通常會收費，有時只是為了鼓勵客戶多存錢。對於個人而言，可能包括保險或投資建議；對於企業來說，意味著幫它們發行股票和債券（換句話說，籌集資金，再次將借款與貸款雙方連結起來），或建議是否收購其他公司。這是**投資銀行**（investment banks）的主要功能。銀行還用一些剩餘現金投資自己，藉此設法多賺一點。

擠兌

在現代銀行系統裡，銀行金庫中的現金會少於正式欠客戶的現金，這在時機正好、存戶確信資金待在銀行很安全時，一切都沒問題。然而，在危機時期，這可能會招致戲劇性的失敗。如果基於某些原因，例如，銀行快要倒閉的謠言，或受大規模搶劫或天災等突發事件影響，許多存戶可能會試圖領回自己的錢。這被稱為擠兌，在2007年英國北岩銀行的擠兌非常引人注目。當存戶得知北岩銀行必須接受英格蘭銀行的緊急支援（央行作為最後貸款人），成千上萬的人迅速去排隊取款。

基於準備率的規定，現代銀行通常不會準備現成的現金，償付所有存戶。它們的生意是依靠短期借入的錢（存款）來為長期借出的錢提供資金（抵押和長期貸款）。後者的流動性非常低，因此如果客戶都要求將錢收回，銀行會面臨潛在的崩潰風險。當時英國財政部若沒有出手干預並將北岩銀行收歸國有，它就會倒閉。

在早期的銀行業運作中，如果某家銀行倒閉，其存戶將面臨損失所有資金的風險。這是經濟大蕭條時期許多人親身經歷過的。然而，意識在銀行陷入困境的第一個跡象出現時，會引起公眾的恐慌和存款擠兌，政府因而建立了存款保險機制。在美國是聯邦存款保險公司（the Federal Deposit Insurance Corporation）；在英國則是英國金融服務補償計畫（Financial Services Compensation Scheme）；兩者都保護銀行存款達一定數額（截至2008年，分

「銀行家是這樣的人：在陽光明媚時把他的雨傘借給你，並在下雨那一刻向你要回來。」

——馬克・吐溫

別為25萬美元和5萬英鎊）。

2008年開始的金融危機經驗顯示，政府會不惜一切代價以確保銀行不倒。當銀行倒閉，可能會對更廣泛的經濟帶來可怕後果，不僅會削弱消費者的信心和財富，還會導致貨幣供給量急遽下降，因為銀行將現金注入準備金並停止放貸，可能進而導致通貨緊縮。

銀行的權力很大，能發行貨幣、照管人們的畢生積蓄、促進投資且為提供經費流通的主要管道，它幾乎比任何其他類型生意更受到監管，也就不足為奇了。銀行的健康與經濟的健全可說是密不可分。

一句話說銀行

銀行將借款與貸款雙方連結起來。

29 股票和股份
Stocks and shares

只要世上有錢，就有人想拿來投資。在金融投資的早期，從義大利文藝復興到17世紀，現金的主要投資途徑是政府債券，但隨著世界上頭幾家公司的問世，一切都變了。它們開啟了新世界：股票、投機、數以百萬計的財富來來去去，當然還有最早的股市崩盤。

　　每天，投資人在從倫敦、巴黎到紐約、東京的股票市場買賣價值數十億美元的股票。股價可以決定一家公司能否作為獨立的實體繼續生存；是否會被接管；或者更極端的，會不會破產。股價可以創造一個人的財富，也可以輕而易舉毀掉一個人。

　　然而，股市不是賭場。人們投資的錢直接挹注公司的發展，進而對更廣泛的經濟有助益。繁榮的股票市場通常是經濟蓬勃發展、快速成長的證據。頭一批成立的公司（或者全稱為股份公司）是為快速擴張的歐洲殖民帝國累積資本，自其成立後，公司就一直為累積資本而存在。

最初的公司

　　雖然第一家知名公司是維吉尼亞公司（Virginia Company），成立的目的是為和美國殖民者貿易提供資金，但第一家大公司是英國東印度公司（British East India Company），政府特許該公司擁有亞洲英國領土貿易方面的壟斷權。緊接著的是位於阿姆斯特丹的荷蘭東印度公司（Dutch East India Company）。

　　這頭一批公司與其前輩組織 —— 行會、合夥企業和國有企業 —— 的區隔，包括以下三點：

1. **如何籌集資金**。新公司發行股份（shares），或者說是今天更常見的股票（equities，權益）來籌錢。與債券不同，股票賦予了股東正式的公司股份所有權，因此對公司的命運影響更大。股東可以決定公司是否應該透過併購賣給競爭對手，並且可以就董事薪酬等關鍵問題進行投票。

2. **賦予股東將其股權出售給其他投資人的權利**。這創造了所謂的次級市場（secondary market），即股票市場；相對的，政府或公司是在初級市場（primary market）裡直接向投資人出售債券或股票。

3. **行使所謂的有限責任**。這意味著如果一家公司倒閉，其股東只會失去個人投資到公司中的錢，而不是房子、車子及除此之外的其他財產。公司的身分是法人，擁有類似人的權利，得以簽署合約、擁有財產和自行納稅，其行為獨立於股東。

1600	1792	1801	1929	1987
英國東印度公司成立。	梧桐樹協議（Button-wood Agreement）為紐約證券交易所的成立奠定基礎。	倫敦證券交易所成立。	華爾街崩盤。	黑色星期一（10月19日）美國股市崩跌22.6%。

影響股市的角色

供投資人買賣股票的股市的創建，是資本主義史上的一大關鍵轉折。自有股市起，股票的重要性呈指數級增長，到2008年底，全球股市的總市值約為37兆美元。世界每個主要經濟體都至少有一個本地股票市場，在該市場上交易該國股票，通常位於首都或第一大城。

股票市場的表現通常透過最大型公司的股票指數來衡量，包括：紐約的道瓊工業指數或標普500指數（納入更多公司的指數）；倫敦的富時100指數；東京的日經指數；法蘭克福的德國指數（DAX）；巴黎泛歐交易所的法國指數（CAC40）；和中國上證指數（SSE Composite Index）。

作為公司的所有者，股東有權分享利潤。假如公司有盈餘現金，在預計的營運成本和投資計畫之外，股東可以獲得年度**股利**（dividend）或分紅。當股票價值上升時，股東也可以獲利；如果股票價值走跌，他們就可能賠錢。如果公司倒閉，相較於債券持有人，股東獲得償付的排序居後，因此股票通常被視為比債券更高風險的投資。

從廣義上講，公司可以分為兩種類型。一類是**私人公司**或**未上市公司**，其股票不在公開市場流通。這些公司通常較小，其股份通常由董事以及創辦人的家人、銀行和初始投資人單獨擁有。另一類就是**公開上市公司**──換句話說，股票在公開市場流通。

股票市場

股票市場的傳統形象是熙來攘往、混亂的交易大廳，交易員氣勢洶洶的大喊著「買進」和「賣出」。事實上，世界上幾乎已經沒有所謂的公開喊價市場了，現有僅存的主要市場包括倫敦金屬交易所和芝加哥商品交易所。這些交易大廳已被電腦系統取代，投資人可以在世界任何地方直接進行交易。

投資人預期股市走高稱為**多頭**（bulls，牛市），預期走跌則稱為**空頭**（bears，熊市）。當投資人看好特定公司的前景，會蜂擁購入其股票，從而推高價格；相反，如果某家公司陷入困境，投資人通常會售出其股票，從而將價格壓低。

總的來說，投資人是由恐懼和貪婪兩股力量一起驅動，有時貪婪會壓倒恐懼，導致股市泡沫（價格被高估）；有時恐懼戰勝貪婪，導致股價回落時免不了崩盤。在過去的百年裡，紐約、倫敦等地方的股市曾經歷嚴重的泡沫。儘管最惡名昭彰的是1929年的華爾街崩盤，但股價在1987年的黑色星期一跌幅更大，當時道瓊指數單日下跌22.6%%。在2000年至2002年的達康泡沫（dot-com crash）以及2008年的金融海嘯，全球市場也承受大幅下跌。

「大多數時候，由於大多數人有根深柢固的投機或賭博傾向，普通股會出現非理性、過度的價格漲跌。」

——美國經濟學家班傑明・葛拉漢（Benjamin Graham）

投資大戶

股票市場的參與者分為**個人投資人**（例如擁有投資組合的家庭）和**機構投資人**（包括退休基金、保險集團、基金經理人、銀行和其他機構）。由於退休和保險基金在股市中擁有龐大股份，股價的變化幾乎間接影響到每位公民。

投資者中還有最受詬病的是**避險基金（又稱對沖基金）**，它們不僅做多股票（押注股票價值上漲，買入股票等待上漲後賣出），還做空股票，意即押注股票價值下跌（做空的過程包括以某個價格從另一位投資人那裡借入股票，例如100美元，以該價格賣到市場上，等待股票跌至例如80美元，便以更便宜的價格買入，將20美元的價差還給投資人）。還有一種類型的投資者是**私募股權公司（private equity firm）**，其目標是收購並徹底改革陷入困境或價值被低估的公司。

許多人開始視私募股權公司、避險基金等新型投資者為對市場的威脅，因為它們行事神秘，並且經常看似在敲詐公司。然而，這類投資人認為，藉由收購被低估或表現不佳的公司、並進行全面改革，是在發揮珍貴的市場功能。畢竟，大眾可以到股市購買公司股份，本質上是民主制度。

一句話說股票和股份

股市是資本主義的核心。

30 風險生意
Risky business

「在這座建築裡，不是殺人，就是被殺，」丹・艾克羅伊德（Dan Ackroyd）在1983年的電影《你整我，我整你》（*Trading Places*）中對艾迪・墨菲（Eddie Murphy）所飾角色說。他們正在大步踏進紐約的期貨和大宗商品市場，即將一鳴驚人。透過先賣出、後買入冷凍濃縮柳橙汁期貨，兩人賺取了數百萬美元，並報復前雇主使其破產。

倫敦最古老的商業銀行霸菱銀行在1995年倒閉了，因為有位交易員尼克・里森（Nick Leeson）單槍匹馬地在新加坡期貨市場上損失了數百萬英鎊。

風險重分配

期貨和期權市場，通常被稱為衍生性金融商品市場，可能是所有市場中風險最大、利潤最高的。這有充分的理由，因為期貨商品和衍生性金融商品市場處理的正是風險。公司和交易員在衍生品市場裡做投機買賣，針對他們預期的所有價格，從股票和股權、債券和貨幣到金屬和大宗商品，甚至包括天氣和房價。

公司和個人的投機操作不僅僅是為了賭博，而是為了一個基本的經濟目的：**風險重分配**。他們需要在高度不可預測的世界裡預作規畫。如果你是柳橙冰沙製造商，不知道明年初收成會如何，也不知道農民會生產多少柳橙。如果收成不理想，柳橙價格會大幅上漲；但如果豐收，價格會因為柳橙供給

增加而下跌。你可以選擇**對沖**你的押注（意即為了避免損失，而兩方下注）並獲得一份遠期契約，協議在夏季的特定日期以固定價格購買柳橙汁。如果收成好，你就放棄了低價買入的機會（如果收成差，你就得高價買入），以換取確保支付一定金額的保證。在交易的另一方，這也降低了農民的風險，至少保證當年有某些收入。

期貨和期權市場已經成為世界上最重要、最繁忙的市場之一，因為公司必須不斷做出判斷，包括玉米農要穩定價格，或是像福特、微軟這類大型出口商得建立貨幣部位，以確保美元突然下跌時不會虧損。

投機和投資

為了讓市場發揮作用，必須有人願意承擔風險。這就是投機者能發揮之處。雖然期貨市場中大約有一半的參與者在避險操作，但也有人試圖透過押注價格走勢來賺錢。這些純粹的投機者對價格的走向有自己的預期，它們是經濟的重要組成部分。有些是個人，有些是避險基金，有些是希望賺更多利潤的退休基金。

1730 年代	19 世紀	1972	1982	2008
最早有紀錄的期貨契約是在（日本）堂島大米交易所中針對大米達成的協議。	美國經歷農業契約大幅成長。	隨著貨幣市場趨於不穩，芝加哥商品交易所引進了匯率期貨交易。	引進股票期貨交易。	信用違約交換和其他衍生性金融商品的總值達到1,144兆美元，是全球GDP的22倍。

無論是哪種方式，他們都與有長遠眼光的投資人迥然不同。正如葛拉漢為所有投資人撰寫重要著作《智慧投資人》（*The Intelligent Investor*）所說：

> 投資人和投機者之間最實際的區別，在於兩者對股市走勢的態度。投機者的主要利益在於預測市場波動並從中獲利；投資者則在於以合適的價格購買和持有合適的證券。

走哪一條路都可以致富。世界上最著名的投資者是華倫‧巴菲特，多年來，他傾向於透過他的投資公司波克夏長期持有公司股票。2008年，《富比士》雜誌將巴菲特評為世界首富，擁有財富達620億美元，但隨後他的財富因金融海嘯影響而大幅縮水。最著名的避險基金富豪索羅斯則透過投機操作，從股價、商品到貨幣各方面賺了90億美元。

期貨簡史

許多世紀前，因為訂購產品和接收產品之間經常存在落差，就有了某種期貨交易形式。在13、14世紀，農民經常提前一、兩年賣出羊毛訂單。在18世紀的日本，商人買／賣大米以備將來交割，第一批衍生品契約是賣給武士，武士通常是收大米作為報酬，但由於大米多年歉收，武士想確保自己在未來幾年有一定的收入。

「在別人貪婪時恐懼，在別人恐懼時貪婪。」

——華倫‧巴菲特

> ## 商品、期權和期貨
>
> **商品**（commodities）包括任何類型可以大批買進／賣出的原物料，從貴金屬、石油到可可和咖啡豆。如果你想要商品即時交付，就可以按照**現貨價格**（spot price，即時價格）購買，就像買股票或債券一樣。
>
> **期貨**（futures）是在未來某個時間點（交割日）以特定價格購買某種商品（或投資）的合約。
>
> 另一方面，**期權**（options）是一種協議，它賦予持有人在特定日期以特定價格購買／賣出一項投資的權利（而非義務）。

然而，期貨市場真正起飛是在19世紀，芝加哥在當時和現在都是期貨重鎮，芝加哥期貨市場被稱為商品交易所。例如，1880年，亨氏食品公司（Heinz food）與農人簽訂契約，在未來幾年以預定價格購買黃瓜。然而，期貨契約通常不是直接在買賣雙方之間安排，而是透過期貨交易所當中間人。舉凡豬肚、金屬，再到其他大宗商品預期的各種可能價格會發生變化，此時與這些商品相關的期貨價格也會隨之波動。

零和遊戲

這種持續的波動使得衍生品市場成為如此高風險的投資場所。只需看看最大的商品和期貨市場之一的原油市場，就能一窺究竟。油價的漲跌取決於一連串因素，從經濟（例如出於經濟可能擴張的速度，因此可能對燃料產生

需求），到地緣政治（基於鑽油平台遭受恐怖攻擊的機率，或中東與世界其他地區的關係）。

1999年，《經濟學人》雜誌曾預測油價會在跌到每桶10美元後，再跌至5美元。該年底油價實際上漲了25美元。2000年至2005年，油價保持在每桶20至40美元之間。然後，在包括入侵伊拉克、世界大部分地區經濟成長火熱，以及對地下石油蘊藏量的擔憂等因素的綜合作用下，油價飆升，首先達到60美元左右，然後是80美元，接著，在2008年一路漲到每桶140美元。然而，油價剛達到這個價位，就又開始暴跌，隨著全球經濟衰退，多多少少都回落到起始點。

許多投資人藉由聰明押注價格走勢，賺到好幾億美元，但輸家也一樣多。與股票市場不同，公司股票可以隨著成長和繁榮而上漲，而期貨契約是零和遊戲：每個贏家都有一個相對的輸家。這就是衍生性金融商品市場經常被比作賭場的原因。但是，雖然有一定的賭博成分，但這並不是閒暇的消遣。這些市場是帶動現代經濟機器所不可或缺的齒輪。

一句話說風險生意

將風險轉嫁給更願意承擔風險的人。

31 繁榮和蕭條
Boom and bust

戈登‧布朗就任英國財政大臣後不久，在多次演講中表示要將英國從「繁榮與蕭條」的老循環中解脫。言猶在耳，由於經濟過熱，英國經歷了一連串惱人的衰退。如果不直說這是人民在承受蕭條，就只能說是在放棄一點繁榮。

十多年後，首相布朗不再重複這句話。經濟正滑向衰退，同時還遭逢幾乎有史以來最嚴重的房地產衰退。最令人尷尬的是，他面臨的經濟衰退比競爭對手保守黨執政時還要糟糕。撇開布朗丟臉不談，有一點很清楚：關於景氣循環（經濟週期）終結的成績單至今仍提不出來。

經濟從本質上就很容易出現繁榮和蕭條的循環：市場從信心轉向悲觀，消費者從貪婪轉向恐懼。這些變數由哪些因素控制尚不完全清楚，因為變數是由人性會突發奇想所控制。正如布朗的經歷所傳達，想駕馭週期，往往會落得失敗告終。

理論上，應該有國家可以無限期保持經濟活動的最佳水準，意即達到充分就業；一個經濟體中的所有生產因素都能發揮最佳產能。因此，通膨沒有必要上升，經濟可按穩定速度成長。

「景氣循環注定要結束，這主要歸功於政府。」
——美國經濟學家保羅‧薩繆爾森

　　然而，這個理想狀態在實務上從未達到過。歷史上曾有各種各樣的循環。例如，《聖經》提過多年飢荒之後的豐收時期。同樣的節奏也適用於21世紀複雜的高科技經濟體。

　　包括美國在內的所有主要經濟體的經濟活動，都曾經歷過重大波動。1946年，亞瑟‧伯恩斯（Arthur Burns）和韋斯利‧米切爾（Wesley Mitchell）首次將其正式記錄下來。

成長趨勢

　　每個經濟體都有經濟成長趨勢的比率，意即近幾十年來經濟成長速度。近年來，美國的經濟成長率一直在3%左右，而英國和歐洲大部分地區的成長率則略低，約為2.5%，這意味著擴張速度較慢。商業週期（通常稱為景氣循環）只是經濟活動的波動高於或低於該成長率。兩者之間的差異稱為**產出缺口**（output gap）。景氣循環涵蓋了經濟經歷繁榮、蕭條和再次回歸趨勢所需的時間。

1929	1946	2007	2008
華爾街崩盤。	伯恩斯和米切爾的《衡量景氣循環》（Measuring Business Cycles）出版。	根據美國全國經濟研究所數據，這是2000年代美國經濟蕭條的開始。	雷曼兄弟倒閉。

經濟週期

經濟體的各個部分在從繁榮走向蕭條的時期起起落落，經濟學家由此設計出以下各種週期：

- **基欽週期**（Kitchin cycle，三至五年）：是指企業建立商品庫存的速度，這反過來又可以使一國的經濟加速或減速。
- **尤格拉週期**（Juglar cycle，七至十一年）：這與企業在設備和服務上的投資金額的起伏有關，通常大約是基欽週期的兩倍。大多數經濟學家在談論經濟週期時，指的是尤格拉週期。
- **庫茲涅茨週期**（Kuznets cycle，十五至二十五年）：這是企業或政府在基礎設施投資（如公路或鐵路）上的支出高峰到下一個高峰之間的時間長度。
- **康德拉季耶夫長波／週期**（Kondratiev wave or cycle，四十五到六十年）：也稱為超級週期（super-cycle），更廣泛指涉資本主義的各個階段，意即每四十五或六十年就會發生一次資本主義危機，導致人們質疑經濟的結構和運作方式。

在高峰期，經濟確實可以成長非常快，但這種擴張通常是短期的，很快就落入負值區域，即經濟緊縮。如果經濟緊縮連續兩個季度，實質上就處於衰退之中。這與失業率走高和公司利潤下降密不可分。

景氣為何循環？

對景氣會循環的解釋很多，但事實上，沒有任何比以下基本事實更讓人信服：人類是情緒化的動物，並且可以很快地從樂觀轉為悲觀，又從悲觀轉為樂觀。還有一種與貨幣政策相關的解釋：無論是一般銀行還是中央銀行，利率的變化都會產生加速／減緩經濟成長以及通貨膨脹和失業的連鎖反應。另一個實務上的解釋，與公司建立庫存（公司囤積的未出售產品）的速度相關。當成長強勁時，公司往往會囤積庫存，因為預計繁榮會持續下去，並在經濟緊縮時用盡庫存。這兩種情況，真實的波動都比估計值更為劇烈。

人的經驗也是一大因素。有人說，金融危機的種子是在最後一位經歷過上一次危機的銀行家退休的那一年播下的。換句話說，人們越去遺忘破產的嚴重後果，再次犯下類似錯誤的可能性就越大，從而產生另一個泡沫。

此外，也有意外事件引發經濟從一個週期轉向另一個週期。顯然很少有人預料到2007年開始的信貸危機或2008年的油價暴跌。兩者合力將經濟低迷轉為全球衰退。如果這樣的衝擊沒出現，也許世界整體經濟表現會更可預測。

關於景氣循環，還有人懷疑，部分責任應該歸咎於政界人士，因為他們有時允許繁榮走向失控，以利潤飆升、房價上漲和高就業等所產生的「感覺良好因素」（feel-good factor）來累積政治資本。他們遵循**順週期**（pro-cyclical）政策，將泡沫吹得更大，而非**反週期**（counter-cyclical）政策，在泡沫破掉之前，溫和地將其縮小。

預測發展路徑

經濟週期顯然很重要。了解經濟何時將停滯是關鍵要務，政府會聘請一群經濟學家來嘗試診斷週期。在美國，是全國各經濟研究所的首席經濟學家，在英國則是在財政部。這些經濟學家一直很頭痛，要經常在經濟事件結束後重新估計週期從哪幾年／幾十年開始、到哪幾年／幾十年結束。

問題是，週期的長度可能會有很大差異，所以即使正確識別出起始點，何時結束的估計也可能與指標相差很遠。

包括世界上最著名的避險基金經理人喬治・索羅斯在內，有許多人表示2000年代初的危機是由「超級週期」結束所引發，因為人們在幾十年內逐步累積越來越多的債務。他補充說，隨之而來的是同樣漫長的經濟衰退，因為人們被迫把錢全數還回去。

經濟學家最大的挫敗，來自經濟週期嚴重破壞了他們用來預測經濟發展的複雜模型。他們將所能找到的所有關於就業、價格、成長等數據都灌進電腦模型裡，通常假設經濟沿著一條差不多是直線的路徑持續下去。然而，經驗表明，事實並非如此。

一句話說繁榮和蕭條

繁榮與蕭條是免不了的。

32 退休金和福利國家
Pensions and the welfare state

1861年，南北戰爭正在撕裂美國。由於聯邦軍（Unionists，北軍）和聯盟軍（Confederates，南軍）都在努力吸引新兵加入軍隊，有人想出一條妙計：為士兵及其遺孀提供豐厚退休金。這似乎發揮了作用，有成千上萬人迅速從軍。

你認為最後一筆款項是何時從南北戰爭退休金計畫中支付？1930年代或1940年代，當最長壽的退伍軍人生命走到盡頭時？事實上，該計畫直到2004年才支付掉最後一筆款項。一位勇敢的21歲女性在1920年代嫁給了一位81歲老兵，直到她97歲去世前，國家支付了一筆持續很久的帳單。

想像一下，同樣的問題不僅發生在美國，而是已開發國家整體都要面對。政府承諾提供老年公民慷慨的援助，但幾十年後才意識到，這些公民太長壽了，吸走了太多現金。看看退休金和福利危機吧。

1880	1908	1942
俾斯麥首創國家退休金和醫療保險計畫。	勞合・喬治在英國推出退休金。	貝弗里奇報告發表。

貝弗里奇報告（Beveridge Report）

威廉・貝弗里奇（William Beveridge）在1942年社會保險和聯合服務跨部門委員會提出的開創性報告，旨在打擊「匱乏、疾病、無知、貧窮和失業」，貝弗里奇報告催生了福利國家的創建。隨著各國政府對戰後狀況的關注，很明顯需要採取一些措施來確保人們在未來會獲得適當的支持，而貝弗里奇報告提供了一個理想範本。大蕭條和戰爭的雙重考驗凸顯了這樣的事實：在某些極端情況下，民營部門根本無法保護人們免受苦難。然而，該報告認為，鑑於國家規模大、議價潛力強，可以保障公民獲得更好、更便宜和更經濟的醫療保健和退休金。

貝弗里奇的想法在日本得到最強力的實踐，日本在二戰後建立了完整的社會安全、醫院和學校制度，大大提高了公民的預期壽命和教育水準。堅實的福利國家品質，被廣泛認為有助於日本在隨後幾年反彈如此強勁。

福利國家的演變

　　儘管自羅馬時代以來，國家偶爾會提供某些公民退休金、教育和其他福利，通常是為了招攬從軍。但福利國家和社會安全體系在世上仍是一個相對較新的現象。直到20世紀，各國都傾向於向公民徵稅，純粹是用作保護國家免受犯罪和侵犯之害。然而，在第一次世界大戰和經濟大蕭條之後，許多家庭陷入貧困的狀況逐漸明朗，英、美等國演變成「福利國家」，其稅收被用來將錢重分配給普遍認為最需要幫助者：年老、體弱、失業或是生病的人。最早的福利國家模式是由俾斯麥在德國所開發，在大西洋彼岸的南北戰爭後僅

約十年。

現今的退休金和社會安全制度背後的理論與設計之初一樣簡單：一國的公民在工作穩定、身體健康時，應該繳錢給一檔公眾基金，以換取該基金在他們生病、無法工作或想退休時，提供福利。

福利國家的問題

儘管福利國家讓許多家庭擺脫貧窮，並顯著提高整個西方世界的健康和學術水準，但許多人認為，這也帶來了某些重大問題：其一是社會經濟問題，其二是財政問題。

社會經濟困境是，國家福利制度會阻礙人們工作。有大量證據表明，為失業勞工提供收入支持，會阻礙他們出去找下一份工作（參見第22章）。儘管福利支出占國家財政預算的比例已膨脹到十分巨大的程度，但近幾十年來，包括英國和北歐國家在內的各個國家，實質生產力似乎降低了。

接著是如何從長期來看為這類系統提供資金的問題。大多數社會福利系統的資金來自政府當前的預算：主要是隨收隨付制（pay-as-you-go），現在的納稅人為現在的退休者提供退休金，而不是自己未來的退休金。這樣的系統在戰後時期非常成功：1940年代後期和1950年代人口的大爆炸，即所謂的

「養老金改革，如投資建議和自動加入，可以加強美國人為退休儲蓄和投資的能力。」

——前美國國會議員史蒂夫・巴特利特（Steve Bartlett）

退休金和福利危機的解決方案

1. 允許更多的移工來國內工作。這將增加勞動力的規模，而且許多移工將在不領取國家退休金的情況下，回自己的國家退休。

2. 對未來的納稅人加稅來支付帳單，但是接受經濟成長疲軟的結果。

3. 迫使領取退休金的人員必須延遲退休，否則就要接受退休金變少。

4. 摒棄現有隨收隨付福利制度，以納稅人必須每月向基金繳交一定金額的方式取代。已有許多政府朝此方向發展，包括英國。然而，改革可能來得太晚，無法防止未來幾年的公共財政危機。

「嬰兒潮」，意味著在整個60、70、80年代有大量年輕勞工在繳稅。然而，隨著生育率下降，包括美國、英國、日本和歐洲大部分地區在內的國家，未來都將面臨巨額帳單。

　　這個問題在美國尤其嚴重。美國的制度包括全民國家養老金（即所謂「社會安全」）、聯邦醫療保險（Medicare，老年人免費健康保險）以及其他一些較小的計畫，包括聯邦醫療補助（Medicaid，為窮人提供健康保險）和臨時失業給付。然而，隨著嬰兒潮世代退休，該系統面臨重大危機。從2008年到2050年，美國65歲及以上人口的比例將從12%增加到近21%，這批退休金領取者的壽命比以往任何時候都更長，並且需要更多醫療給付。

福利國家的未來

根據代際經濟學家（研究上一世代的決定對下一世代的影響）的說法，未來幾年福利支出升高與勞動人口規模縮小掛鉤，意味著從各層面看來，美國正在走向徹底破產。日本也一樣。日本超過21%的人口已經高於65歲，預計到2044年，日本老年人口總數將會趕上勞動人口總數。

有證據表明，英、美生育率已經開始小幅上升，主要由於過多英國有青少女懷孕以及美國的墨西哥移民的生育能力。即使如此，也不太可能使兩國免於即將到來的衝擊。

令人痛苦的事實是，未來，若非退休金變得微薄，就是一般公民不得不繳更多的稅。這是各國在未來幾十年必須面對的政經困境。

一句話說退休金和福利國家

當心承諾給出你給不了的錢。

33 貨幣市場
Money markets

在倫敦碼頭區某處不起眼的辦公大樓裡，有群人負責編製可能是世界上最重要的數據。這個數字的水準固定在每天早上十一點，對全世界產生深遠影響：使一些人破產、另一些人賺到百萬美元。它是資本主義基礎的一環；然而，金融市場以外的人甚至很少有人知道。它就是倫敦銀行同業拆款利率（Libor）。

拆款利率由英國銀行家協會（British Bankers Association）所管理，位居世界經濟關鍵部門 —— 貨幣市場 —— 的中心。在貨幣市場，公司可以在借入和借出短期資金，換句話說，不必發行債券或股票（參見第27章）來籌資。貨幣市場是世界金融體系的中樞神經系統，它們偶然失靈時，可能會使整個經濟體陷入危機。

在正常情況下，Libor只反映銀行願意在短期內相互借款的利率。這類貸款（通常稱為**銀行同業拆借**）是無擔保的，更像是透支或信用貸款，而非抵押貸款，這對於銀行的運作很重要。每天，隨著人們存款、提款、借款和還款，銀行的資產負債表都會有顯著變化，因此能夠在短時間內相互拆借對於銀行維持營運是不可或缺的。

過去幾十年，銀行的經營方式經歷各種轉變。傳統上，銀行透過儲蓄的形式吸收客戶的存款，並將這些錢以抵押貸款和其他類型貸款借給其他客戶來賺錢（參見第28章）。一方面，這意味著，相較於喬治‧貝禮（George Bailey，詹姆斯‧史都華〔James Stewart〕飾演）試圖安撫在電影《風雲人物》

（*It's a Wonderful Life*）中瘋狂提取現金的存戶，銀行與客戶有著直接的連結，通常是個人關係。另一方面，銀行想要盡可能多的成長機會，無法從這種**操作模式**（*modus operandi*）裡得到，因為監管機構對銀行能承作的貸款規模與比例有所規範，這意味著銀行不太可能承作低抵押貸款利率。

證券化的興起

有許多銀行或抵押貸款機構是作為互助協會而成立，這意味著它們不是由股東所有，而是由其客戶所有。在英國，這種專門的抵押貸款機構被稱為房屋互助協會（building societies），包括全英房屋抵押貸款協會（Nationwide Building Society）和北岩建屋互助會（Northern Rock Building Society）等公司。

然而，在1970、80年代，隨著對自有住房的需求成長（參見第37章），銀行了解到，如果不增加可用於放款的現金數量，就很難趕上需求，它們採用了另一種系統。銀行不再僅根據抵押品來借出現金，而是開始將核發的房貸打包成組合，再賣給其他投資人。這個過程稱為**證券化**（securitization），因為它把債務變成了證券（債券、期權、股票等投資工具），並且有段時期運

1970 年代	1984	1980 – 90 年代	2007
銀行拆借首度朝證券化發展。	英國銀行家協會設立 Libor。	全球銀行迅速擴張。	銀行間市場凍結。

Libor的力量

薑售貨幣市場（wholesale money market，批發貨幣市場）變得越來越強大和膨脹，Libor包括美元、歐元和英鎊在內的世界主要貨幣，是價值約300兆美元的契約的核心，相當於全球人均45,000美元。大多數人認為利率是聯準會或英格蘭銀行等央行制定的官方利率。事實上，Libor是在更廣泛經濟中評量實際貸款成本的更好指標。

作得很好。透過將抵押債務從帳冊中移除，銀行就能夠放出更多、更大額的抵押貸款，而不受貸款規模的限制。因為證券能正常還款配息，信用評等機構也保證其為可靠的投資，世界各地的投資人深受吸引，紛紛買進證券化產品。

　　一段時間操作下來，銀行對於建構這些證券化產品變得越來越老練。不僅將抵押貸款打包成組合；還將它們再切分成各種金融工具，包括債務擔保證券（CDOs），甚至更複雜的版本，例如$CDOs^2$（兩度切分）和$CDOs^3$（三度切分）。

　　支持這些作法的理論似乎很聰明。原本如果抵押貸款的持有人拖欠不還，主要受害者是銀行；證券化則承諾將這種風險分散到金融系統中更願意承擔風險的人身上。然而，問題在於，透過除去借款人和貸款人之間的個人關係，意即**去中介化**（disintermediation）的過程，最終購買債務組合的人 —— 無論是日本投資人還是歐洲退休基金 —— 更可能不了解他們所承擔風險的真實情況。他們所依賴的只是標普、惠譽和穆迪等機構的評等。

　　這種脫節是 2000 年代金融危機的主因之一，因為投資人在購買如此複雜的債務組合時，並沒有完整意識到所承擔的風險規模。由於銀行放出的貸款遠遠多於抵押品，銀行帳戶出現了重大短缺，意即所謂的**融資缺口**（funding gap），只能透過批發性融資（wholesale funding）來填補，然而這並未實現。

改變世界的那一天

　　2007 年 8 月 9 日，全球銀行間市場和證券化抵押貸款市場突然陷入困境。投資人意識到美國房地產市場正面臨嚴重下滑，更根本的是，西方金融體系負債累累，就停止購買證券，換句話說，他們停止借錢。這個恐懼時刻，觸發了接下來的金融危機。在此之前，經濟學家和金融家對系統裡這個複雜的部分關注不足，這下才意識到它對世界經濟運作的重要影響。

　　大西洋兩岸的許多銀行，包括北岩銀行，突然無法在躉售市場融資。它們的帳戶裡留下了巨大的黑洞。儘管金融危機原因很多，但正是這種金融市場的凍結，為整個系統帶來了首見的致命打擊。僅僅一個月後，北岩銀行被迫向作為最後貸款人的英格蘭銀行尋求緊急融資。儘管許多人認為問題是由次級抵押貸款（次級房貸，即對信用低的人提供的房貸）所造成，但北岩的真正問題是它完全依賴躉售市場，而 Libor 利率飆升，反映出銀行不願相互拆借。

「我不認為任何經濟學家會質疑我們正處於自大蕭條以來最嚴重的經濟危機。好消息是，我們正在就需要做的事情達成共識。」

——美國總統歐巴馬

　　Libor利率只是指標性利率，顯示銀行拆款理論上願意相互收取的費用。在這種情況下，沒有任何拆借發生。央行被迫介入，並將資金直接注入市場和銀行。此時，貨幣市場已經乾涸了！

一句話說貨幣市場

貨幣市場讓金融世界運轉起來。

34 泡沫
Blowing bubbles

非理性繁榮（irrational exuberance）：這兩個相當不起眼的英文詞放在一起，就有足夠力量讓全球股市暴跌。1996 年，時任聯準會主席艾倫・葛林斯潘警告，泡沫就是市場可能正在經歷的情況，導致股價大幅下滑，因為投資人懷疑自己是否困在泡沫裡。

葛林斯潘意識到，科技公司的股價上漲速度遠超乎人們預期。當年，由於網際網路飛速發展的刺激，人們被沖昏了頭，以超過合理價值的股價買進股票。結果，在達康泡沫的早期，股價飆升。葛林斯潘的警告導致華爾街道瓊工業指數在第二天下跌了 145 點，但直到 2000 年後才恢復信心。

這種「非理性繁榮」事件說明了金融市場和泡沫的兩大關鍵：首先，泡沫很難辨識，確定泡沫多快破滅難上加難；其次，要讓泡沫重獲控制並不總是那麼容易。

辨識泡沫

當投機者和投資者對特定資產過於興奮，導致資產價格被推高到超出應有的水準時，就會出現經濟泡沫。當然，衡量「正確」價格很主觀，因此會有問題。即使網際網路股價在 2000 年飆到令人困惑的高度，仍有許多分析師和專家堅持它們的估值是合理的。2006 年的美國與英國房價也是如此，直到 2007 年的經濟危機才開始下滑。

　　泡沫絕不是一種新現象。在早期的市場，泡沫就已反覆出現：從17世紀的荷蘭，投資人爭相買進鬱金香，以及18世紀的南海和密西西比公司泡沫（與歐洲國家殖民地利益有關），一直到20世紀的各種房地產熱潮，皆是如此。

　　雖然事後看來很明顯是泡沫，但很難提早鑑別出來。價格會因為經濟學家所說的「基本面」原因而上漲。例如，房價可能會上漲，因為有更多人想住在某一國或某一地區，換句話說是需求增加；或者因為正在蓋的房屋數下降，換句話說是供給受限。

逆風操作

　　葛林斯潘等許多經濟專家都認為，政策制定者不應試圖壓抑泡沫，尤其是藉由升息或訂定新法規來「逆風操作」（lean against the wind），而應該集中精力在泡沫破裂後收拾殘局。這有雙重理由：首先，很難確定物價上漲是泡沫的徵兆，還是經濟成長的良性表現。其次，利率和法規等工具並不靈活，用起來可能會連帶損及其他經濟部門。

1637	1720	1840	1926	1989	2001	2006 – 2008
荷蘭鬱金香泡沫。	南海泡沫，密西西比公司泡沫。	鐵路投資熱。	佛羅里達州房地產崩盤。	英國房地產泡沫破裂。	達康泡沫破裂。	美國、英國和大部分西方國家出現房地產泡沫。

已經有些經濟學家提出，經濟要運行良好，泡沫是不可或缺的一部分，能激勵原本沒有的大規模投資。例如，1990年代後期網際網路風潮引發了一場在全球鋪設大規模光纖網路線的競賽，結果是國際網路的能量遠遠超乎當時所需。雖然有許多網路公司破產，但頻寬的增加是推動後網路時代經濟成長的部分原因，因為國際通訊的價格降低了。同樣的，有些人認為，泡沫的破裂可以藉機甩掉經濟體中創造性破壞過程落後的企業（參見第36章）。

泡沫造成的損害

然而，當一個經濟體剛剛經歷泡沫破滅時，這樣的論點似乎靠不住。隨之而來的跌勢或衰退可能會造成極大破壞。例如，隨著銀行開始信貸配給（貸款申請及額度限制），即使是簡單的金融交易成本也變得更貴（參見第35章）。只需看看1929年華爾街崩盤之後的大蕭條，就能了解泡沫破裂對經濟的長期影響有多嚴重。

有些人認為，因為錢很好賺這個誘因，經濟泡沫會分散人們對應該投資的標的的注意力。從經濟角度來看，這會導致資源分配不當，這些資源本來可以善用在更合適的地方。例如，投資人可能會在相信房價走升的情況下買房，而不是將錢投資在股票上或存起來。

我們的〔投資決定〕只能視為動物本能（**animal spirits**）的結果，是一種不由自主的行為衝動，強過無所作為。

——凱因斯

回饋迴路

當泡沫正在醞釀或破裂時，會透過良性或惡性循環影響經濟，經濟學家稱之為正回饋或負回饋循環。隨著股價上漲，人們覺得變有錢了，導致消費更多，從而推動更廣泛的經濟前進。當股價暴跌時，人們會減少支出，反過來又會導致股價進一步下跌，銀行借的錢也會減少。在2008年金融海嘯期間形成了負回饋循環，銀行停止提供無擔保貸款，促使人們削減開支，這只會讓銀行更不願意放貸。這種循環是所有經濟現象中最危險的一種，因為一旦循環開始，無論央行或政界人士都很難抑制。

延緩週期

有權操控經濟的人可以經由多種方式防止泡沫吹脹。第一個可選擇的工具是簡單地藉由演說或其他公開聲明，表明政策制定者擔心泡沫正在形成（可能也表明將採取抑制泡沫措施）。然而，正如達康泡沫破滅所顯示的，這麼做並不能保證防止泡沫膨脹。第二種選擇是升息，這可以抑制泡沫的成長，但代價是其他經濟部門成長也跟著放緩。第三個想法是對銀行進行更嚴格的監管，以確保它們在時機好的時候不會有太多的無擔保貸款，然後泡沫一破就倒閉。此類政策被稱為**反週期**政策，目的為防止經濟從繁榮轉向蕭條，與助長泡沫接著痛苦衰退的**順週期**政策恰恰相反。

在2008年危機之後，各國央行承諾採取更多「逆風操作」措施，防止房價泡沫再次出現，就像1998年所經歷過的災難。然而，經濟學家越來越相信，泡沫仍然是經濟成長中不可避免的一部分。只要人類仍然不理性、不可預測，泡沫就可能成為生活中永久的一部分。

一句話說泡沫

泡沫，魅力無法擋。

35 信貸緊縮
Credit crunches

$$C = SN(d_1) - Le^{-rT} N(d_1 - \sigma\sqrt{T})$$

我們可能看不出來，但這是自 $E=mc^2$ 以來最危險的方程式。正如愛因斯坦的質能轉換方程式，最終導致原子彈轟炸廣島和長崎；文章開頭的這個方程式則對金融領域產生核彈級影響。它助長了股市的繁榮和蕭條，引發了一連串金融危機與經濟衰退，導致數百萬人難以維持生計。這就是布萊克—休斯公式（Black-Scholes formula）。而其核心是最大的經濟問題：人類能否從錯誤中吸取教訓？

廣義而言，關於金融市場的行為模式有兩種思想流派。一是人類傾向於從恐懼的心態轉變為貪婪，因此市場可能變得過於偏激，並且在極端狀況下本質是不理性的。結論是，我們將永遠從一個泡沫走向另一個泡沫。這就是信用週期理論。每逢時機好的時候，錢又多又好借，但好日子偶爾會被信貸緊縮（Credit crunch，信用緊縮）給中斷，意即銀行停止放款，導致正常的經濟生活幾乎陷入停頓。

「只要音樂還在播放，你就必須起身跳舞。我們還在跳舞。」
——花旗集團前首席執行長查克·普林斯（Chuck Prince）

　　另一種理論是，市場會隨著時間自我校正，逐漸變得更有效率、不會神經衰弱，這意味著崩盤和緊縮最終會過去。這種理論奠基於以下信念，即從長期來看，人類可以自我提升。由麥倫・休斯（Myron Scholes）和費雪・布萊克（Fischer Black）設計的神奇方程式正是出於此論點。

　　布萊克—休斯方程式完成了看似不可能的事。從表面上看，這個公式只是一種確定衍生性金融商品市場上的期權（參見第30章）應該如何定價的方法。然而其影響是驚人的。這是一個數學公式，顯然可以消除投資市場的風險。按照這個等式，投資人似乎可以在價格暴跌時透過賣空股票（換句話說，押注股市走空）來避免數百萬美元的損失。這個公式幾乎被全球所有大投資人採用，並在1997年為兩位發明者贏得諾貝爾經濟學獎。不幸的是，當情勢艱困的時候，公式就用不上了。在價格崩跌以至於特定股票、股權或投資找不到買家的情況下，這個高度合邏輯的等式就失靈了。

　　這個等式的問題在於，市場從一開始就表現得不理性，事實上幾乎所有的經濟理論都有一樣的問題。繁榮與蕭條似乎是組成市場資本主義不可避免的一部分（參見第31章）。

1873	1929	1987	2008
南北戰爭的戰後泡沫造成市場恐慌，引發美國的長期蕭條。	華爾街崩盤引發流動性危機和大蕭條。	黑色星期一（10月19日）——美國股市暴跌22.6%。	金融危機衝擊雷曼兄弟投資銀行後，全球市場暴跌。

黑天鵝事件

「黑天鵝」是突發事件的說法，會迫使人們改變對世界先入為主的看法。這個詞由作家和曾任交易員的納西姆・尼可拉斯・塔雷伯（Nassim Nicholas Taleb）提出，源於 17 世紀之前的歐洲，當時認為所有天鵝都是白色的。這個觀點因在澳洲發現了黑天鵝而被推翻。

在金融市場中，黑天鵝事件是一種隨機、出乎意料的大事件，會導致市場暴跌或飆升。塔雷伯將網際網路的降臨與普及描述為一個大事件，而俄羅斯政府在 1998 年決定債務違約，則是另一個大事件；前者導致了達康泡沫吹漲，後者則導致了一場重大的債務危機和全球最大避險基金之一的長期資本管理公司倒閉。另一個例子是 2001 年的「911」恐怖攻擊。

從繁榮到蕭條，五階段循環

金融市場對於健全的經濟體來說絕對是少不了的，如果很難獲得信貸（credit，另一個名稱是債務〔debt〕），企業和個人就沒辦法對未來的生意投資。當可以借貸的錢供不應求，隨著人們停止投資和創造財富，由此產生的信貸緊縮可能導致經濟衰退，甚至更糟的是通貨緊縮和蕭條。因此，了解金融市場如何從貪婪轉變為恐懼，對於了解現代經濟的運作是很重要的。

金融市場從繁榮到蕭條會經歷如下的五個階段：

1. **替代**（Displacement）：有些事物會改變投資人對市場的看法。在 1990 年代後期，人們認為網際網路（直到達康泡沫破滅）提供了幾乎無限

的賺錢潛力。在2000年代初期，低利率和低通膨的結合，促使人們承擔更多債務，並投資買房。

2. **繁榮**（Boom）：投資者希望從這種替代（通常稱為「新典範」）獲得好處，似乎行得通。例如，在1990年代，網際網路股票的投資人看到他們的股價飛漲；由於低利率以及銀行找到一種新的、無風險的抵押貸款融資模式，2000年代初期房價飆升。

3. **欣快感**（Euphoria）：市場受興奮感所控制，銀行借出更多的錢來增加利潤。銀行經常發明新金融工具來賺更多錢。在1980年代，金融創新帶來了垃圾債（junk bonds），意即品質堪憂的債券；在2000年代初期，金融創新帶來了抵押貸款和其他債務的證券化。從穩定投資者到計程車司機，每個人都投入市場。

4. **獲利了結**（Profit-taking）：聰明的投資人突然意識到好日子不可能永遠持續下去，所以開始拋售投資部位。當他們賣出時，價格第一次開始下跌。

5. **恐慌**（Panic）：隨著價格下跌，恐懼蔓延。人們急於大量賣出投資，價格進一步急遽下跌。銀行停止貸款，僅有信用等級最高的人除外。

經濟學家海曼·明斯基（Hyman Minsky）指出，這五個階段在歷史上不斷重演，儘管每次初始的替代和精確細節都有不同。可以說，歷史確實會重演，但每次都粉飾得讓人幾乎認不出來。問題是，當市場走到恐慌階段時，結果往往是流動性危機。

「市場保持非理性的時間，可能比你保持償債能力的時間還長。」
——凱因斯

明斯基時刻

在恐慌階段，價格可能下跌過快，以至於相關資產的價值（例如房屋）迅速跌至人們最初買它的貸款金額以下。銀行開始收回貸款，但由於投機性資產很難找到買家，投資者只好用較低價格求售，或者賣其他可變現的東西。無論是哪一種，結果都是價格進一步下跌。這種惡性循環有時被稱為「明斯基時刻」（Minsky moment）。

這種恐慌和狂熱似乎不是理性的行為，而且由於傳統經濟學很少考慮非理性的行為，因此，對於即將到來的泡沫和崩潰往往太慢覺察，以致為時已晚。布萊克—休斯方程式基於這樣的觀點：只要價格降到有吸引力的水準，對特定股票或投資的需求總是會出現，但這解釋不了危機期間的非理性行為。它與許多複雜的模型和方程式一樣，強化了我們「可以用某種方式逃避風險」的錯覺。而實際上，金融世界一直是個有風險的地方。

一句話說信貸緊縮

信貸枯竭的同時，經濟也走入困境。

第 5 部

經濟議題
THE ISSUES

36 創造性破壞
Creative destruction

眾所周知，達爾文的進化論對於科學的開創性貢獻，與牛頓發現萬有引力和運動定律、或哥白尼主張地球繞著太陽轉的地球並列。然而，很少有人意識到，如果不是經濟學，達爾文可能永遠不會突發奇想。

1838年，達爾文受到馬爾薩斯（參見第3章）的啟發，設想出一個適者生存並能夠進化成更新、更複雜、更強大物種的世界。他說，「終於，我找到了一個用得上的理論。」當你看到進化論，會發現塑造自然世界和自由市場經濟的力量驚人的相似。

經濟叢林法則

和大自然一樣，自由市場也可能很險惡。市場有時會讓有才華、有價值的人失敗。市場很無情：如果你有個想法沒成功，可能意味著破產；如果你投資錯誤，可能會失去一切。然而，根據創造性破壞法則（the law of creative destruction），這些失敗最終可能有助於打造更強大的公司、更強大的經濟和更富裕的社會，因為它們淘汰了舊的、低效率、缺乏競爭力的人事物，由嶄新、有活力、強大者所取代。

「在資本主義社會，經濟進步就意味著有動亂。」

——熊彼得

創造性破壞法則是亞當・斯密提出的供需法則的延伸，是20世紀由一群奧地利經濟學家所制定。其主張，隨著企業落入利潤下降、失業率上升或經濟下滑等衰退情況，從長期來看，與直覺相反的是，結果會對經濟有利。

約瑟夫・熊彼得（Joseph Schumpeter）強有力地提出了這樣的主張。熊彼得是為了逃避納粹迫害而移居美國的奧地利裔經濟學家。其所提出不應避免衰退的相關論點，至今依然很有爭議性。當時大多數經濟學家（甚至是現在大多數政界人士）支持的學說是：政策制定者應該盡一切可能避免衰退，尤其是經濟蕭條。凱因斯特別指出，衰退和蕭條會造成嚴重的間接損害，包括失業和信心崩壞，政府應該以一切手段因應，例如降息和支出公共資金來刺激經濟。

大多數經濟學家特別依靠複雜的電腦模型，模型假設競爭是完美的，且隨著時間過去，供需關係大致會走向穩定。熊彼得聲稱，這些模型與由社會所形塑的波動條件幾乎沒有相似之處。

熊彼得的論點屹立不搖，且一直保持著影響力。事實上，根據著名經濟學家布拉德・德隆（Brad DeLong）和賴瑞・薩默斯（Larry Summers）的說法，正如凱因斯是20世紀最重要的經濟學家，熊彼得很可能被視為21世紀最重要的經濟學家。

1883	1930 年代	1942
熊彼得出生。	大蕭條導致數十萬家企業倒閉。	熊彼得在著作《資本主義、社會主義和民主》（*Capitalism, Socialism and Democracy*）中推廣了創造性破壞的概念。

約瑟夫・熊彼得（1883—1950）

熊彼得來自現在的捷克共和國，但在母親再婚時搬到了奧地利的維也納。有貴族身分的繼父幫助他進了名校，他很快就成了優秀學生。事實上，不久之後他就開始了一段傑出的職涯：先在多所大學擔任經濟學和政治學教授，在一次世界大戰後擔任奧地利財政部長，最終於1920年成為比德曼銀行（Biederman Bank）總裁。然而，銀行在1924年倒閉，熊彼得破產，不得已重返學術界。隨著1930年代納粹主義興起，他移居美國，很快被公認為頂尖知識分子。之後他的職涯在哈佛度過，深獲許多師生愛戴，到1940年代成為美國最著名的經濟學家之一，並於1948年擔任美國經濟學會主席。

衰退中重生

　　經濟不是以恆定的速度推進，反而容易出現所謂的繁榮和蕭條週期（參見第31章）。在繁榮時期，消費者比平時花更多錢，且經常借得更多，企業要賺錢比較容易。熊彼得認為這會導致公司的效率低下，在不太順利的時期，這些公司很可能根本開不成。

　　相反地，當經濟不景氣、人們消費減少時，低效率企業就會破產。雖然這在短期內會造成痛苦，但它也迫使投資者將資金投入到經濟體更具吸引力的部分。這反過來又提高了未來幾年經濟的潛在成長率。熊彼得和同為奧地

利裔的海耶克（參見第12章）因此提出，政府不應大幅降息以防止經濟衰退。他們反而主張，在繁榮時期投資無利可圖標的的人應該承擔後果，否則將來還會犯同樣的錯。

這種邏輯適用於整個產業，也適用於個別公司。例如，近年來，由於海外競爭帶來的不景氣，迫使美國和歐洲的製造業緊縮，變得更加精簡，效率低下的公司因此被淘汰出局。

適者生存

這個理論在1930年代的大蕭條期間獲得落實，當時美國政策制定者允許幾千家銀行倒閉，希望得到淨化性復甦（cathartic recovery）。當時的美國財政部長安德魯·梅隆（Andrew Mellon）敦促投資人「清算勞動力、清算股票、清算農民和清算房產……這能清除系統中的各種腐敗與無效率」。在接下來的幾年，整體經濟損失了三分之一的財富，而且花了幾十年才完全恢復。這看起來不像是種創造性破壞。不出意料，這個想法隨後便失去支持。近來的研究表明，在繁榮時期、而非蕭條時期，公司往往更有可能進行重組和精簡，這加劇了人們的懷疑。

然而，熊彼得和海耶克認為，表面的衰退和全面的蕭條之間有很大的區別，後者會持續數年，並造成無法彌補的損害。此外，要使創造性破壞法則發揮作用，經濟體必須夠靈活，好應對經濟衰退造成的起起落落。在許多勞

「產業突變的過程……不斷地從內部革新經濟結構，不斷摧毀舊的，創造新的……這種創造性破壞的過程是資本主義的基本事實。」

——熊彼得

動市場受嚴格監管且企業很難雇人／解雇的歐洲經濟體，在經濟低迷時期失業的人找工作會更困難。在這種情況下，經濟衰退的永久性成本，就超過了創造性破壞說好要帶來的長期利益。

　　一直有一種說法，認為從經濟衰退的灰燼中可以出現更強大、更健康的經濟體。1912年的全球前百大企業，到1995年僅存19家，其中近一半已經消失、倒閉或被接管、併購。然而，正是由於創造性破壞，經濟在該時期發展得尤其成功。研究表明，美國史上大多數的衰退，都傾向於促進生產力的提高，而非削弱生產力。因此，正如隨著時間而演化，使物種能夠更適應環境，創造性破壞創造了運作得更好的經濟體。

一句話說創造性破壞

公司不適應，就會死亡。

37 自有住宅與房價
Home-owning and house prices

對於大多數的我們來說，家是我們最大的資產和最寶貴的財產。為了買房子，我們必須比在其他情況下借更多的錢，貸款可以持續一世代。如果我們不幸在錯誤的時間買房子，那麼它很有可能把我們壓垮。

自20世紀初以來，住屋一直是富裕經濟體中人們的主要財產。在西方世界許多地方，擁有自有住宅的總人口，從不到四分之一上升到近四分之三。然而，正是這種對自有住房普遍化的推動引發了2000年代後期的金融危機，也讓全民擁有住房的概念受到仔細審視。

非普通資產

從純粹的經濟角度來看，房屋只是一種資產。房子比較容易買賣，並且隨著時間，房價往往會漲或跌。然而，與大多數其他資產（例如股票、葡萄酒、名畫或金幣）不同，房子還具有基本功能：供我們居住。

這兩個因素的結合，也就意味著房價的漲跌，比股市或其他資產價格的漲跌有更深遠廣泛的影響。

當房價上漲時，有助於提高整個經濟體的消費者信心。人們知道房屋價值增加了，通常會花更多的錢、借更多的錢。這不僅是一個信心問題：屋主還可以藉由所謂**資產增值抵押貸款**（mortgage equity withdrawal）動用他們的財產增加的價值。

另一方面，當房價急遽下跌時，會產生極具破壞性的社會影響，而這幾乎不會在任何其他類型資產的暴跌中發生。當某個家庭的房屋貶值到低於抵押貸款的價值時，這一家就會陷入**負資產**（negative equity）。除非屋主想賣掉，否則這不是大問題（儘管會削弱信心）。如果要賣屋，不是得降價出售，就是要向抵押貸款公司付差價。

泡沫和蕭條

人們總覺得很少投資比買房更可靠。自1975年以來，英國房價以年均實際成長率（即剔除通貨膨脹率）略低於3%的速度成長。但是房價的變動取決於許多因素。首先，房子所在的土地成本。如果對土地的需求增加（或可用土地或房屋的供給減少），會推高房價。同樣，如果房屋供給突然增加，房價就會下跌。2008年邁阿密房價大幅下跌，原因之一是大量新屋建案完成，排擠了其他房屋的銷售。

耶魯大學經濟學教授、著名住房專家羅伯‧席勒（Robert Schiller）教授也指出，在規畫和建設限制較大的地區，房價往往會漲得更凶。因此，在有更嚴格規畫限制的加州和佛羅里達州，房價先飆升再暴跌，而在幾乎沒有限制

1920 – 1930 年代	1989	2000 年代早期	2007	2008
英國建案大成長，隨後出現低迷。	英國遭受嚴重的房地產崩盤，持續了五年多，實際房價下跌三分之一。	隨著越來越多的家庭購置房產，美國和英國的房屋擁有率均達到創紀錄的七成左右。	美國房價有史以來頭一次在全國齊跌。	美國、英國、澳洲、紐西蘭、愛爾蘭等國房市同時陷入低迷。

的德州休斯頓 —— 房價長期上漲的趨勢幾乎未變。

這種長期成長通常很像一個經濟體的長期成長率。這是有道理的。從長期來看，人們預計房價將以與經濟體整體財富成長大致相同的速度增加。

但事實是，過去五十年來，房價經歷了多次大起大落，最終在2008年，在美國和英國出現房價崩跌，速度之快，是自大蕭條以來所僅見的。房價為何那麼容易出現如此的波動？

住宅自有率的增加

房價波動的主要原因在於，歷來的美國和英國政府一直以盡可能提高住宅自有率為既定施政目標。要知道效果如何，看英國就好了。英國直到一次大戰前，人民的住宅自有率只有十分之一，而美國則是將近一半。這是因為大部分房屋由總人口中最有錢的人擁有並租出去，但社會氣氛也是一部分原因。即使是最有錢的年輕人到倫敦時也更想租套房，而不是購買或租用住宅。在大多數社交圈，沒有自己的房子是稀鬆平常的事。

一次大戰後，情況發生了變化。歷屆英國政府投入實施「英雄公宅」（homes for heroes）政策（針對退伍軍人提供的平價國民住宅）。對租賃實施監管，斥資數百萬英鎊推行住宅建案。在此同時，不平等程度也下降，表示更多中產階級家庭突然有能力買房了。

「我在房地產賺了一大筆錢。我會選擇房地產而不是去華爾街賺2.8%。忘了這件事吧。」

——伊凡娜・川普（**Ivana Trump**）

到了1950年代，英國在戰後樂觀情緒之下，自有住宅以及免費健保、免費教育和低失業率，已穩紮穩打地成為一種可以當護身符的社會政策目標，最高點是柴契爾的購買權計畫（right-to-buy scheme），成千上萬的租屋者購買了他們的房屋。

所有這些因素都導致了住宅自有率急遽增加。政府紛紛對抵押貸款實施稅收減免優惠，結果屋主入住率飆升，最近創下70%的歷史高峰。這是英國歷史上最大的社會和經濟改革。

相較於其他國家，英國的住房政策成果並不突出。就住宅自有率而

各國住宅自有率一覽	
（2014）	
西班牙	78.8%
愛爾蘭	68.6%
挪威	84.4%
英國	64.8%
美國	64.5%
奧地利	57.2%
法國	65.0%
德國	52.5%

資料來源：維基百科

言，西班牙遙遙領先，而法國正在迅速追趕。值得注意的是，通常只有在自有住宅普遍的國家才會出現大的房地產繁榮和蕭條。因此，例如德國和瑞士等國租屋的人多於買房的人，他們阻止了大泡沫的產生。與其說這是由於在文化上對買房根深柢固的保守作風，不如說是法律使然，讓租屋在經濟上更具吸引力。

「你要不是瘋了，就是廣告商，才能預測房價未來的漲跌。」

——英格蘭銀行前總裁默文‧金

購屋的經濟風險

雖然增加自有住宅必然為社會帶來好處，但也有相應的經濟問題。例如，這推翻了資本主義所謂的看不見的手（參見第1章）。在正常運作的市場中，當價格上漲到可能被認為不合理的水準，人們就不再購買，價格會回落到更合理的範圍。然而，如果政府對購屋者或為其融資的抵押貸款公司提供購買誘因（透過稅收減免或隱含擔保的支持），則更有可能形成泡沫。

這正是2007年之前發生的事情。因為支撐美國住房貸款市場的兩大抵押貸款巨頭房利美（Fannie Mae）和房地美（Freddie Mac）在次級貸款的風險承擔越來越大。大多數投資人認為，如果兩家公司倒閉，會得到政府援助，而事實證明，政府的確這樣做了。2008年，迫於形勢，美國政府將這兩家公司國有化。留下的問題是，未來美、英的抵押貸款機構是否還能在少了政府支持的情況下營運；以及國有化是否意味著房地產泡沫和崩盤終結。

一句話說自有住宅和房價

房價起落，波動難料。

38 政府赤字
Government deficits

如果說最近我們學到一件事，那就是政府每年會借越來越多錢。國際貨幣基金（IMF）或經濟合作暨發展組織（OECD）等國際機構幾乎每個月都在警告美國和英國，它們的財政狀況堪憂。

事實上，二戰結束以來，美國政府幾乎每年都有**預算赤字**，也就是說，政府收到的稅收少於支出，不得不借錢來彌補差額。不只美國，英國近年來也出現了一連串的預算赤字（又稱**財政赤字**），使財政進一步陷入赤字。

事情並不是一直這樣。在史上大多數時期，美國以及英國政府保持預算平衡，只有在戰爭期間和經濟低迷時期預算才會陷入赤字。另有某些政府預算盈餘，包括挪威（因為巨大的石油蘊藏）和澳洲（因為金屬礦產豐富）。

錢都花去了哪裡？

這個主題還在辯論中，大多數經濟學家認為，當國家開始提供公民大範圍的社會安全體系，持續赤字的時代就開始了。社會安全體系牽涉醫療、失業保險和教育等方面的大筆資金，而這以前往往由民營部門或公益機構和信託來處理。這是從戰爭國家（warfare state）轉向福利國家。

錢花去哪裡？看看2008年美國聯邦預算（圓餅圖）就能發現，其中絕大部分都花在所謂的強制性項目上，換句話說是政府有義務執行的支出，包括社會安全（主要支付老年人）、收入保障（支付貧窮家庭）、聯邦醫療保險和

其他健康支付，包括聯邦醫療補助（分別是老年人和低收入者的醫療支出），以及支付在幾年前承擔債務的利息。迄今，政府可自由支配支出的最大部分是國防（包括軍人的薪資，以及大到航空母艦、小到單兵所用的槍械等）。「其他」類別包括聯邦機構的支出，例如法院體系、對農業和NASA的支持。

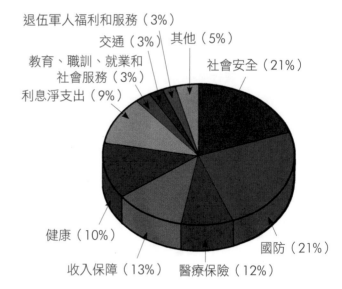

退伍軍人福利和服務（3%）
交通（3%）　其他（5%）
教育、職訓、就業和
社會服務（3%）
社會安全（21%）
利息淨支出（9%）

健康（10%）
國防（21%）
收入保障（13%）　醫療保險（12%）

圓餅圖顯示了2008年美國政府支出，分配比例與大多數西方經濟體的情況非常相似。
資料來源：美國行政管理和預算局

　　然而，由於美國政府在2008年支出的數額超過了稅收，因此不得不用價值約4,100億美元的借款（公債）來彌補餘額，這是一筆大錢。

1936	1945	2009
凱因斯在《就業、利息和貨幣的一般理論》中指出，政府應該在經濟衰退時期借入更多資金。	二次大戰後美國國債總額達到GDP的120%。	歐巴馬總統承認，為了因應金融危機，美國預算赤字將上升至1兆美元。

自動穩定器（Automatic stabilizers）

只要是實行福利制度的現代國家，在經濟衰退期間，其預算赤字都會急遽增加，收支餘絀為負數。在衰退期間，公司獲利和個人薪資下降，意味著向政府繳納的稅款減少了。同時，政府必須支出的金額也在增加，因為有更多的被資遣員工需要失業救助系統的支持。政府支出會自動「穩定」經濟，讓人民不致流離失所，並保障其福利。簡而言之，這是凱因斯主義（參見第9章）的落實。

例如，在1990年代初期，英國面臨嚴重的經濟衰退和房市低迷，赤字在1990年至1993年間從GDP的1%上升到7.3%。因為現代預算的結構中內建所謂**自動穩定器**，才會發生這種情況。

　　除此之外，由於美國是聯邦政府，各州也有自己的預算（和加稅權力），其中大部分用於教育和高速公路等地方基礎設施。有時，來自特定州的國會議員會在聯邦法案中附加特殊條款，以幫助支付昂貴的當地項目（即使附加條款與法案本身可能毫無關聯）。這被稱為「肉桶政治」（pork barrel，政治分贓），也是赤字急遽上升的另一大原因。尤其是在小布希擔任總統時，不同於前任的柯林頓總統，事實證明小布希極不願意使用對國會通過法案的否決

「正如我們在發展中國家一次又一次看到的，政府肆無忌憚的貸款和支出，會導致惡性通膨和經濟惡化。所以赤字當然很重要。」

──美國聯準會前主席葛林斯潘

權。他的繼任者歐巴馬承諾在上任後扭轉這種局面。

資金缺口不斷加大

　　區分年度預算赤字和政府債務未償餘額的總量，是很重要的。年度赤字增加，政府所欠的總金額（通常稱為淨債務）也隨之增加。截至2008年底，大眾擁有的美國債務總額為5.3兆美元，還不包括房利美和房地美的負債。這兩間抵押貸款擔保機構在2008年9月獲得政府援助，實際上隨後就被臨時收歸國有。

　　淨債務和預算赤字都趨於逐年上升。只要債務擴張速度不比經濟成長還快，這未必是問題。這就是為什麼赤字和債務水準通常以GDP的占比來表示。例如，美國公債在2008年底占GDP的37%。隨著一國的公債增加，必須支付的利息金額也增加，而這些應還款的總額也被更高的利率推升了。

舉債過高的後果

　　如果一個國家允許赤字失控，各種經濟問題就隨之而來。首先是舉債過高往往會弱化該國的貨幣。如2008年的英國，投資人判斷政府將在未來幾年過度舉債，英鎊因此貶值了近五分之一。貨幣自債務國出逃是很合理的，因為當一國陷入過度舉債，接著總是以印更多貨幣（製造通膨）的方式來消除債務，這會侵蝕以該國貨幣計價商品的價值，一旦外國投資人看到這種情況可能發生的跡象，通常會閃得老遠。

　　還有一種後果，是投資者會要求更的高報酬率來補償這種風險。這推高了政府必須為債務支付的利率，使未來的借貸成本更高。

　　然而，關鍵在於舉債過度的長期後果。實際上，政府舉債只是將徵稅延後幾年，因為多借來的錢得在未來的某個時候還。如果這筆錢被用於提高下一世代的福祉，例如投資興建新學校，就不是問題，但如果只是用於滿足公部門當前對現金的需求，則令人擔憂。

打破黃金法則

　　因此，許多國家自己制定財政原則，以確保下一世代不需承擔當前的舉債成本。英國前財政大臣戈登‧布朗在1997年制定的黃金法則是一個很好的例子。他承諾，舉債只用於公共項目投資，而不是為當前支出籌資，例如用來支付公務員的薪水等。

　　然而，黃金法則在2008年底遇到困難，因為政府顯然不得不在經濟衰退時大量舉債。這種現象在全球各地發生，凸顯了公共財政的一條恆久真理：政府不斷舉債，直到市場或選民阻止他們這樣做。

一句話說政府赤字

政府舉債會成癮。

39 不平等
Inequality

沿著里約熱內盧的海灘漫步，經過伊帕內瑪（Ipanema）和萊布隆（Leblon），會看到一些巴西最好的別墅。這些價值數百萬美元的奢華宮殿擁有豐富的設施 —— 設備齊全的電影院、網球場、游泳池、按摩浴缸和僕人房。然而，在幾碼之外就坐落著世界上最大、最雜亂無章的貧民區。如此嚴重的貧窮怎麼會與如此優越的富裕在同一個時空裡並存？

不平等並不是什麼新鮮事。在維多利亞時代的英國，情況尤其嚴重，有錢的實業家累積了前所未有的財富，而普通的勞工家庭吃苦耐勞，在工廠和礦山工作，住在與巴西貧民區差別不大的房子裡。

儘管各國政界人士都在努力持續縮小貧富差距，但差距仍然很大。自1980年代初以來的二三十年來，世界上幾乎每個已開發國家的不平等程度事實上都明顯擴大。儘管法國、希臘和西班牙的差距縮小，但英國的貧困差距顯著惡化，在21世紀第一個十年結束時，無論英國或美國，不平等都達到1930年代以來的最高水準。

貧富差距

有鑑於資本主義這種制度獎勵個人辛勤工作和創業精神，有些人會比較有錢也就不足為奇。畢竟，除非有誘因，否則有什麼動力要努力工作？然而，令人震驚的是，貧富差距如此之大。在美國，最有錢的十分之一的人收

入是最貧窮的十分之一的人的16倍左右，而在貧民區和里約熱內盧一樣骯髒的墨西哥，富人收入是窮人的25倍以上。

與此同時，在丹麥、瑞典和芬蘭等北歐國家，差距要小得多，最富有的人的收入大約是最窮人的五倍。這些貧富差距是依據吉尼係數（Gini coefficient）來衡量，是以收入最高組和最低組做比較。

比較不同國家的財富水準，差距會更大。以大多數標準衡量，世界上最貧窮的五分之一的人口（主要生活在撒哈拉以南非洲）仍然生活在相當於中世紀的經濟水準；反觀英國和美國，即使是最貧窮的人也更富裕、更健康了。

報酬重分配

對於貧富差距有一種明確解方。許多北歐國家傾向於對公民徵收更重的稅，以透過社會福利計畫和稅收減免將錢重新分配給窮人。現代民主國家稅收制度的主要目標之一，就是降低不公平，並幫助支持社福需求者。

1840 年代	1930	1950 年代	1990 年代	2000 年代
工業革命時期英國的不平等程度之高，促使恩格斯撰寫《英格蘭工人階級的狀況》（The Condition of the Working Class in England）。	美國不平等程度破歷史新高。	美國貧富差距縮小，可部分歸因於羅斯福總統的新政。	柴契爾主義和雷根主義之後，貧富差距擴大。	不平等程度達到新的高峰。

> ### 不平等的好處
>
> 有些經濟學家認為，由於人們在習慣、能力上天生有所不同，因此在主要經濟體中不可避免會存在一定程度的不平等。事實上，有些自由市場的支持者認為，財富重分配的嘗試會產生意想不到的反後果。較高的稅收可能逼社會中最有生產力的人出走，或者讓他們不願更努力工作，這反過來又會減少社會整體產出的財富數量。

隨著世界上的富裕國家在戰後建立各自的福利體系，不平等程度顯著下降了。許多國家（尤其是北歐國家）藉由提供所有家庭類似的教育和醫療保健，成功地提供了社會趨向平等的機會。這就是人們常說的「瑞典模式」國家制度。

然而，提高對富人的稅收、把更多錢分給窮人，本身是不夠的。在英國，1997年上任的工黨政府正是這樣做，因此單親父母的平均收入在其執政的第一個十年中成長11%。可是在當時，不平等上升到了近幾十年來的最高水準。更糟糕的是，經濟合作暨發展組織（OECD）曾研究發現，子輩的收入與父輩的收入密切相關，這意味著年輕人幾乎沒有機會擺脫貧窮。

推動差異

隨著企業利用網際網路、先進的電腦和電信等新技術，世界處於經濟結構的重大轉變。當轉變發生，往往會加劇不平等，與轉變相關的人變得有

錢，諸如底特律汽車廠勞工等與轉變無關的人被拋在後面。這是工業革命中發生的事，現在也正在發生。

另一種解釋是，極少數人變成超級富豪。例如，在英國，有300萬人位居收入最高的十分之一，平均稅前年收入為105,000英鎊，而位居收入最高的0.1%的三萬人，平均年收入為110萬英鎊。這些超級富豪通常能夠藉著將財富轉移到海外避稅天堂來節稅，這意味著可以重分配的錢減少了。另一方面，這些富裕家庭可以透過大肆購買奢侈品時支付的間接稅以及雇用當地勞工（從清潔工和女傭到造型師和律師）來貢獻經濟。這通常被稱為「涓滴效應」（trickle-down effect）。

不平等的後果

從整體看來，沒有明確跡象顯示，高度不平等會阻止一國長時間下來變得更富裕。事實上，著名總體經濟學家羅伯特・巴羅（Robert Barro）發現，雖然不平等看似會拉低開發中國家的成長，但實際上，不平等會促進已開發國家的成長。

然而，巨大的貧富差距可能以其他方式為國家帶來損害。關注重點在社會動盪。研究表明，在收入差距較小的國家及地區，人們更容易相互信任，這是合理的，因為人們通常沒有理由嫉妒別人。暴力和致命犯罪也少得多。

「一個將平等置於自由之前的社會，什麼也得不到；一個將自由置於平等之前的社會，可讓兩者兼顧。」

——傅利曼

例如，美國貧富差距大的州與凶殺案發生率高之間存在很強的相關性。

低收入也與健康狀況不佳密切相關。在蘇格蘭的格拉斯哥，貧富差距尤為嚴重，當地男性的平均預期壽命甚至比阿爾及利亞、埃及、土耳其和越南等許多發展中國家還要短。

不平等問題除了經濟學，在其他領域亦然。人們會拿自己和他人比較來獲得自我價值感，這會影響個人的生產力，當意識到自己的收入比不上其他人時，人們往往會感到不滿而且不再那麼拚。

有研究發現，獲得奧斯卡獎的好萊塢演員平均比未獲獎演員多活四年，而兩度獲得奧斯卡獎的演員則平均多活六年。自己的努力能獲得嘉獎，確實有些不同。不平等打擊了自尊心，也打擊了錢包。

一句話說不平等

貧富差距會破壞國家穩定。

40 全球化
Globalization

資本主義一詞是用以表達濫用，而非讚美或描述，全球化也一樣，更被用來批判、而不是歌頌21世紀的世界經濟。全球化連結了以下圖像：馬來西亞血汗工廠、邦加羅爾客服中心、巴西礦山，以及星巴克及麥當勞在世界各地的分店。

以上都是全球化的結果，但僅用「全球化」一詞來描述這種現象，則很容易引起誤導。在經濟學中，全球化是指跨越世界的商業和經濟聯繫，在人類歷史裡大部分時間都是如此。

古已有之

自1492年哥倫布登陸美洲以來，全球化的重要性一直在提升，儘管在此之前，歐洲和東方之間的國際貿易已經很活躍了。全球化一詞的使用，自1980年代就已盛行，儘管柏林圍牆倒塌和冷戰結束後幾十年被公認是全球化的高峰，但比起首見廣泛國際貿易、商業和移民的年代可差得遠了。這個榮銜必須頒給維多利亞時代，那是在19世紀後期，大英帝國達到顛峰的時代。凱因斯曾描述1914年之前的情況：

> 倫敦居民可以透過電話訂購，啜飲著他的早茶，還可以訂購世界各地的各種產品，並合理地期待會早日送到家門口；他可以同時、以

同樣方式投資世界任何地區的自然資源和新企業，並分紅⋯⋯投資
的預期成果和獲利。

第一次世界大戰以及大蕭條之後的保護主義時期，結束了這個時代。許
多人擔心，我們當前的全球化可能會遭遇同樣的悲慘結局。

全球化背後的關鍵因素

當代的全球化有五個背後的關鍵因素：

1. **自由貿易**。世界各國政府已經取消了一些主要的進出口障礙和關稅。
   例如，在1980年代末和90年代初實行改革開放後，中國取消了對出口
   市場的許多限制。基於其龐大人口和低工資，來自中國等國家的廉價
   商品湧入富裕國家。

19世紀	1914	1980年代	1989	2007
全球化時代首度登場。	第一次世界大戰結束了頭一個全球化時代。	對經濟全球化提出了初步研究。	提姆・柏內茲－李（Tim Berners-Lee）開發了全球資訊網。	聯合國報告顯示，全球貿易和投資的現金流量創下歷史高峰。

2. **外包**。公司已經能夠透過將商品和服務的生產轉移到海外更便宜的地點來節省成本。許多製造商關閉了在美國和英國的工廠，將其轉移到中國、墨西哥等地，那裡的勞工接受較低的工資，且有爭議的是勞動條件往往很差。許多服務公司已將客服中心，甚至部分主要業務遷至印度等地，那裡有很多英語流利的大學畢業生。

3. **通訊革命**。有兩次重大革命為國際貿易的車輪上了潤滑油。第一個是「貨櫃化」。這是航運上的突破，貨物現在以標準尺寸的貨櫃運輸到全世界，藉此降低成本並縮短了運輸時間。二是頻寬突破。隨著網際網路熱潮在1990年代後期達到顛峰，工程師花費了數十億美元建設新的國際光纖網絡。儘管達康泡沫很快就破滅了，但這條全球信息高速公路帶給幾百萬人又快速又便宜的網路連接。

4. **自由化**。許多在冷戰期間傾向對外關閉邊界的國家開放了。西方企業得以進入新市場。這些國家取消所謂的資本管制，意味著資金可以前所未有的方式自由進出這些嶄新、年輕的經濟體。同時，已開發國家政府透過放寬勞動法規，讓企業更容易雇用和解雇勞工。

5. **法律協調**。世界各國都在努力調整關於財產權和智財權的法律，例如，在美國申請的專利將在中國得到承認，反之亦然。未來的計畫包括制定商品品質的國際標準，以避免最近發生的中國等地產品被發現有潛在危險缺陷的事件再次發生。

「全球化是生活裡的事實。但我相信我們低估了全球化的脆弱性。」

——前聯合國秘書長科菲・安南（**Kofi Annan**）

全球化的效益

全球化無疑使全世界數十億人變得更富有。巴西、印度和中國等地因出口大幅成長而提振了經濟。此外，從1997年起，這些新加入的出口要角推動了全球近十年通膨的穩定，因為企業藉機削減成本，並將省下的成本嘉惠客戶。

有證據指出，事實上直到2007年的十五年左右，全球化在很大程度上促成了所謂「大穩定期」（Great Stability）。在此期間，世界經濟成長速度比以往任何時期還要快，持續時間更長，通膨保持低水位且維持穩定。縱然隨後有一場重大的金融危機，但這主要是由其他因素所造成（參見第35章）。

對全球化的批評

全球化原則在全世界傳播得越快，批評聲浪就越大、越尖銳。重要國際多邊會議經常吸引成千上萬的抗議人士。例如，世界貿易組織2003年在墨西哥坎昆（Cancun）召開的會議，因一名韓國農民反對取消農業補貼的自殺事件而蒙上陰影。

娜歐蜜・克萊恩（Naomi Klein）、約瑟夫・史迪格里茲（Joseph Stiglitz），和諾姆・杭士基（Noam Chomsky）等全球化反對者有時對全球化熱烈支持者貼上新自由主義的標籤。他們主要從三個角度攻擊全球化現象：

1. **經濟**。他們認為，儘管全球化推高了世界各地創造的財富總量，但財富並沒有平均分配。事實上，世界各地的不平等程度已經上升到1930年代以來的最高水準（參見第39章），儘管有些人由於全球貿易而成

為億萬富翁，但許多最貧窮國家的人仍然極度貧窮。

2. **人權**。某些服飾和鞋類製造商因使用血汗工廠而受到抨擊，這些血汗工廠的員工薪資極低，且被迫在惡劣條件下長時間工作。

3. **文化**。批評者認為，跨國公司影響力增強，以及西方品牌日益占據主導地位，使本土文化難以維持認同，並導致較小的獨立商家和生產者受到排擠。

和平與民主的時代？

儘管全球化招致多方面的批評，但證據表明，儘管與以前的資本主義一樣收益分配不均，但總體而言，全球化極大程度提高了接受全球化國家的生活水準。此外，全球化增加了中產和專業階級的財富，這個事實表示，它也可能有助於民主的傳播。政治戰略專家猜測，隨著中產階級影響力日益增強，人民對民主制度的需求越來越大，共產黨可能難以維持在中國的專制統治。

支持全球化的另一個論點是，國家之間更強大的經濟聯繫往往會遏止它們相互征戰。美國記者佛里曼（Thomas Friedman）著有全球化讚歌《世界是平的》（*The World is Flat*），沒有兩個擁有麥當勞的國家曾經發生過戰爭。然而，當俄羅斯在2008年對喬治亞發動戰爭時，這種主張被推翻了。第一次全球化時代的教訓是，全球化很不幸地由第一次世界大戰所終結，你永遠不能假設貿易和財富的傳播已經永遠改變世界。

一句話說全球化
全球化是資本主義的腎上腺素。

41 多邊主義
Multilateralism

自21世紀以來，全球的經濟權力發生有史以來最大的轉變。支撐世界經濟的板塊開始移動，速度比大多數人曾經歷的還要快。隨著以中國和印度為首的新競爭者出現，美國似乎正在失去曾毫無爭議的世界超級強權地位。過去，這種緊張關係經常引發地緣政治的不穩定，但這次經濟學家希望**多邊主義**這個秘密武器能夠避免衝突。

多邊主義，意即一國在做重大決策時與所有其他大國合作，而非單獨行動（意即單邊主義，無視於其他當事國的態度），或只與另一國（或少數幾國，意即雙邊主義）合作。多邊主義似乎已是常識，然而，即使在全球化時代，經濟民族主義也是一股強大的力量。

通常，在一國決定提高貿易關稅或人為提高貨幣價值時，會引發連鎖反應，可能對其他國家帶來重大傷害。例如，1990年代和2000年代的特點，是已開發國家允許浮動匯率，但許多亞洲和中東國家貨幣則是採行釘住對美元的固定匯率。雖然這讓發展中國家成長得更快（因為這讓其出口維持便宜水準），但最終也導致了富國大幅累積債務，進而導致2008年的金融危機。

> 「藉由交換，一個人的財富對其他人都有好處。」
> ——19世紀法國經濟學家弗雷德里克·巴斯夏（Frédéric Bastiat）

世界各地的政治人物為了避免這類問題發生，建立了多邊機構。頭一個是由美國的威爾遜總統在一次大戰後所規畫的國際聯盟（League of Nations），後來轉變為聯合國（United Nations）。然而，近年來主導現代經濟體相互關係的，是二次大戰後興起的經濟多邊機構。

布列頓森林開枝散葉

1944年，美國的布列頓森林會議在富麗堂皇的華盛頓山飯店舉行，來自世界各地的政界人士在凱因斯引導下正襟危坐，為美國打造了一個新的金融和經濟架構：戰後除了固定匯率制度外，還有兩個主要機構：國際貨幣基金（IMF）以及當今世界銀行的前身國際復興開發銀行（International Bank for Reconstruction and Development）。他們還建立了關稅暨貿易總協定（GATT），後來演變為世界貿易組織（WTO）。

在這些多邊組織裡，成員國現已囊括除少數專制政權之外的世界每個國家，這些組織仍然決定著全球經濟型態和各國之間的互動方式。

國際貨幣基金充當世界中央銀行，匯集成員的資源，並向經歷主要貨幣或資本帳戶（參見第24章）危機的國家提供資金。它和央行一樣是最後貸款

1944	1945	1989	2008
布列頓森林會議，國際貨幣基金和世界銀行成立。	聯合國成立。	柏林圍牆倒下。	G20取代了G7。

金磚四國（The BRICs）

金磚四國是一種想法和現象，是世界上最有前景國家巴西、俄羅斯、印度和中國的四重奏（編按：2011年納入了南非，英文名稱改為BRICS）。如果說20世紀的經濟由G7主導，那麼21世紀肯定換成了金磚四國。四國有龐大的人口、對工作有令人難以置信的需求和驚人的成長，意味著它們對近年來一半左右的世界經濟成長有貢獻。高盛首席經濟學家吉姆·奧尼爾（Jim O'Neill）2001年創造了「金磚四國」一詞，他計算出，中國的成長速度之快，到21世紀中葉將超越美國，成為世界最大經濟體（編按：在2006年高盛推出了金磚四國基金）。

巴西、俄羅斯、印度和中國的人口，總計占世界人口的四成和超過四分之一的陸地面積。21世紀的頭一個十年，它們的經濟以10%甚至更高的速度成長，而西方經濟體的成長速度往往只有它們的四分之一。作為世界工廠，每天向富裕國家／地區和彼此出口價值數十億美元的產品（編按：至2015年，原金磚四國的經濟成長下滑。高盛關閉了自2010年以來資產價值縮水88%的金磚四國基金，改投資其他新興市場）。

人，只是在這種情況下是針對國家，而不是銀行和公司。國際貨幣基金的第二個作用是確保各國能夠明智的維持經濟的運行，而不會製造未來的問題。然而，國際貨幣基金沒有「牙齒」（無權懲戒不遵守者），過去曾未阻止某些國家做出糟糕的經濟決策。

　　世界貿易組織是各國同意消除貿易壁壘的論壇，也是某國控訴另一國對其商品非法徵收額外關稅或配額時的仲裁機構。世界貿易組織倡導在全世界

減少貿易壁壘。

世界銀行旨在為世界上最貧窮國家提供援助。世界銀行透過向陷入困境的經濟體提供貸款（有時為捐贈），其目標是讓世界經濟更加富裕和穩定。然而，因世界銀行對受貸國加諸嚴苛條件而飽受抨擊，國際貨幣基金也曾遭到類似批評。

沒有共識

在整個1990年代，國際貨幣基金和世界銀行都試圖實施某些政策，根據自己的理想，改造其他經濟體。這被稱為「華盛頓共識」（Washington Consensus）。哈佛經濟學家丹尼・羅德里克（Dani Rodrik）將華盛頓共識描述為「穩定、私有化和自由化」，其中包括削減預算赤字和取消關稅壁壘。問題在於，許多經濟體在向外資開放市場時，根本無法應付來自海外的大量現金流入。

自冷戰結束和2008年金融海嘯之後，這些機構無力防止世界各地反覆出現經濟危機，而面臨越來越多批判。尤其美國對這些機構的態度越來越冷淡，並呼籲進行重大改革，尤其是國際貨幣基金和世界銀行。

令人擔憂的是，國際貨幣基金對新興、快速成長中的世界經濟大國的代表性不足。直到2009年，發展最快、接近世界第三大經濟體的中國，在國際貨幣基金的投票權占比僅與比利時相同（編按：2010年，中國成為世界第二大經濟體。2022年，中國在國際貨幣基金的投票權占比為6.09%，僅次於美國的17.45%和日本的6.48%）。

從G7到G20

G7（七大工業國組織）也受到同樣的批評。G7由美國、日本、德國、英國、法國、義大利和加拿大組成，是1970年代至90年代世界主要強國以公平比例組成。國際經濟高峰會都是由G7主導，成員共同做出重大決定。

然而，2008年，小布希總統召開特別高峰會，以討論日益嚴重的金融危機，中國、巴西、俄羅斯和印度等國顯然有需要與談。因此，G7被G20這個更廣泛的世界最大經濟體集團所取代。（編按：成員包括加拿大、美國、英國、法國、德國、義大利、日本及金磚五國〔巴西、俄羅斯、印度、中國、南非〕、七大重要經濟體〔墨西哥、阿根廷、土耳其、沙烏地阿拉伯、韓國、印尼、澳洲〕及歐洲聯盟）。

G20希望成員國能藉由多邊合作來管理這個變局：世界從擁有單一經濟超級大國轉變為擁有兩個（或更多個）經濟超級大國。

一句話說多邊主義

各國可以透過共同努力取得更大成就。

42 保護主義
Protectionism

早在 1980 年代，美國人擔心日本在全球商業中主導地位日益提升，國會議員在參議院的台階上召開記者會，並象徵性地將一台東芝收音機砸碎。幾年後的 90 年代，美國取消與墨西哥的貿易壁壘，就業機會向南遷移，政界人士對「巨大的吸吮聲」（giant sucking sound，意即就業機會被吸走）提出警告。十年後，國會議員禁止中國海洋石油總公司收購美國優尼科（Unocal），和杜拜國營事業杜拜港埠世界公司（DP World）收購英國的半島與東方汽航公司（P&O）美國分部。為什麼有「全球化的醜惡姊妹」之稱的保護主義，這麼久以來仍然把持當代世界？

保護主義的歷史與貿易本身一樣悠久，通常意指對海外進口的商品設立高壁壘和徵收關稅，以及防止外資收購。統治者很早就發現籌資的一大方法就是對貿易徵收關稅，這種作法自古採行至今。

如今，保護經濟的方式包括：對進口商品的數量或價值實行配額；對生產者的補貼，有個惡名昭彰的例子是歐洲的共同農業政策（Common Agricultural Policy），提供農民救濟；補貼出口商；干預並低估匯率，刺激出

「當貨物不能跨越國界時，軍隊便會這樣做。」

——弗雷德里克・巴斯夏

口競爭力；和繁複的的官方手續等。另一種保護主義可見於2008年開始的金融和經濟危機，其促使銀行只提供本國公司貸款。英國首相戈登・布朗在2009年將此描述為「金融重商主義」（financial mercantilism），但他自己無法撇清 —— 他鼓勵英國銀行在承作新貸款時優惠英國客戶，而非海外客戶。

支持和反對

幾乎所有經濟學家都厭惡保護主義，而贊成與其相反的自由貿易。他們警告，從長期來看，建立貿易障礙會使所有人都變得更窮，導致激烈的政治摩擦，甚至可能引發戰爭。他們警告說，這是所有經濟政策中最具破壞性的政策之一。

比較優勢（參見第7章）支持了這些論點。該理論表明，透過專注生產某些產品並與其他國家進行貿易，各國都可以變得更繁榮，即使生產商品的效率低於他國。

約 1798	1930	1994	2008
美國華盛頓總統對英國貿易制定最早的關稅。	美國採取保護主義關稅，包括提高對外貿易壁壘的「斯姆特—霍利法案」（The Smoot-Hawley Act）。	世界貿易組織簽署烏拉圭回合宣言，消除貿易壁壘。	杜哈回合貿易談判暫停。

一回合又一回合

世界貿易組織是負責領導打擊保護主義的組織，由戰後關稅暨貿易總協定演變而來，其主要角色是召集各國討論如何取消關稅和貿易壁壘。這些談判必須是全球性的，因為只有透過國際、而非單方面取消關稅，所有國家才能受益。

在1990年代初期，世貿組織（當時還是關稅暨貿易總協定）贏得了烏拉圭回合（Uruguay Round）多邊談判，成功地消除了全球主要貿易壁壘，並被認為有助於在接下來的十年中促進經濟成長。然而，開始於2001年的杜哈回合（Doha Round）貿易談判，由於各國就各自的貢獻爭執不休而受到許多重大挫折。2008年夏天，由於美國與中國、印度和巴西就準備削減農業補貼的規模產生衝突，談判暫停。儘管有些人希望談判可以恢復，但許多人警告說，他們現在已經完蛋了。（編按：世貿組織於2013在印尼峇里島正式通過「峇里部長宣言」〔Bali Ministerial Declaration〕，並就該宣言所包括的「峇里套案」〔Bali Package〕達成共識，套案中通過的貿易便捷化協定〔Agreement on Trade Facilitation〕為1995年以來首度通過的多邊貿易協定，為杜哈回合談判以來的最大突破）。

　　然而，若涉及政治，問題就複雜多了。例如，有家美國工廠面臨關閉，因為其海外競爭對手以更低的成本生產商品。經濟學家會說，這是市場正在發出明確的信號：美國工廠不再有競爭力，應該關門。另一方面，保護主義者會主張提高對這些商品的關稅，甚至向該產業提供補貼來挽救就業機會。這個選項很可能會贏得民眾支持，尤其是勞工。然而，經濟學表明，這種作

法只是掩蓋問題，而問題不可避免會很快再浮出水面。經濟學家會說，讓被資遣的勞工在其他更具競爭力的產業找新工作更好。

保護主義不僅是更容易向選民推銷的政策，還可以是表面上的成功象徵。如果政府徵收關稅，最初收入可能會增加，這要歸功於帶進來的額外資金，而國內公司則享有繁榮的好處，因為這鼓勵消費者購買本國生產的商品，而非海外的同類商品。對於有愛國（或民族主義）傾向的人來說，更引人注目的是，保護主義顯然可以確保國家的獨立自主，無論是在能源、鋼鐵、汽車、電腦或其他領域的生產。這還迎合了一種出於直覺的看法：當一個本國公司被國際競爭對手收購時，該國就會變窮。

然而，問題在於這些論點在很大程度上誤導大眾。諸多的研究表明，從長期來看，保護主義會使國家變窮，無論是徵收關稅的國家，還是與其進行貿易的國家。

歷史教訓

保護主義可能的後果最有力的例子在1930年代，當時是大蕭條最嚴重的時期，包括美國在內的世界各國建立龐大的貿易壁壘，相信這可以保護國內就業並幫助經濟更快復甦。被稱為「以鄰為壑」（Beggar-thy-neighbour）政策，因為這使依靠與外國夥伴貿易的國家陷入困境。隨著越來越多國家以建立關稅作為回應，世界貿易實際上凍結了，政治緊張局勢加劇，並導致關係

如果有所謂的「經濟學人家信條」，肯定會有「我相信比較優勢原理」和「我相信自由貿易」的主張。

——諾貝爾獎得主和貿易專家保羅・克魯曼

破裂，從而引發了第二次世界大戰。

直到二次大戰後，這些壁壘開始被拆除，比較優勢才再次凸顯出來，促成了1950年代、60年代世界經濟的迅速成長，因為每個經濟體都專注生產某些商品。這時期的貿易比以往任何時候都更自由。

另一個例子是中國，中國在15世紀成為破壞性貿易政策的受害者。當時它是世界上最發達、最富有的經濟體之一，但其統治者採取了封閉經濟（autarky，經濟自給自足）政策，切斷了與世界其他地區大部分的經濟和文化聯繫，並迅速失去優越地位。直到20世紀後期，中國削減許多關稅和貿易壁壘後，才再度發揮其巨大的經濟潛力。

保障工作機會？

儘管有些人認為，打破貿易壁壘意味著就業機會將從經濟體裡被「吸走」。英國最大、效率最高的汽車工廠之一，不是由英國甚至歐洲公司經營，而是日本汽車製造商日產汽車。日產汽車在英格蘭東北部雇用了數千名勞工，該地區失業率很高。縱然有人擔心外國公司在需要削減成本時，可能比較快從海外工廠裁員、而非本國工廠，但幾乎沒有統計證據支持這個論點。

根本問題在於，保護經濟體內企業免受外國競爭會降低其競爭力，阻礙削減成本和提高效率。事實上，專家認為，有鑑於股東很難將經營不善的首席執行長趕下台，被外國公司收購的威脅是確保管理階層努力改善營運的檢核關鍵之一。

保護主義再現？

　　隨著各國企圖在2008年金融海嘯後修復經濟，有些人擔心這將導致全世界出現新的保護主義浪潮。事實上，許多專家認為，相較於蕭條和債務通縮，這仍然是未來十年對全球經濟的最大威脅。歷史表明，陷入保護主義的漩渦很容易，這將對世界和平與穩定帶來災難。

一句話說保護主義
世界和平與繁榮的最大威脅。

43 技術革命
Technological revolutions

儘管我們很容易將18世紀的英國想得很浪漫，但其時的生活並不是寧靜安詳的。大多數家庭都在辛苦掙扎，幾乎沒有足夠收入來維持生計。倫敦出生的兒童在五歲之前的死亡比率達到驚人的四分之三。但在1750年左右到19世紀初，根本性的變革發生了 —— 預期壽命提高，人口和財富亦然。很少有哪個時期比工業革命更具劃時代意義。

轉變的背後是由新科技推動。蒸汽機的發明和煤炭等石化燃料的開發突然改變了人們的生活方式，對社會和藝術的前景也改觀。那是華茲華斯（Wordsworth，英國浪漫主義詩人）和透納（Turner，英國浪漫主義風景畫家）的時代，對正在發生的深刻變化充滿藝術性的恐懼和喜悅感受；也是法國大革命和美國獨立同時發生的政治不安全時期。

然而，這場眾所周知的巨變並不是歷史上唯一的經濟革命。幾世紀以來，隨著新技術的發明，人類有零星的飛躍性發展。這些飛躍通常完全出乎意料，但引發了人類社會的繁榮和人際互動的根本變化。

自18世紀以來，經濟史學家確定了不只一次，而是**三次**工業革命。這三次是**結構性**、而非**週期性**的變化；換句話說，是經濟基礎改變，而不是常態的波動。

第一次工業革命

第一次工業革命始於18世紀中期，隨著蒸汽機的發明一路延伸到19世紀初。在此之前，人類依賴大自然的風、水的力量，或是牛馬等動物來維持生計。工業革命之後，人們可以利用煤炭來發動機械，從而提高生產力。隨後人類又掌握了金屬機械的製造技術，從而產生了第一代真正的工廠，亞當・斯密分工理論（參見第6章）完整的具體形象得以實現。工業革命起初發生在英國，但很快傳遍全歐洲，然後傳到了美國。

革命帶來深遠的影響。在此之前，英國的人均GDP（衡量財富創造的指標，參見第17章）自中世紀之前就一直靜止不動，突然間GDP飛躍成長。在某些經濟學家看來，此時西方經濟擺脫了馬爾薩斯陷阱（參見第3章），在該陷阱中，人口的限制使國家陷入成長停滯。隨著財富和預期壽命的成長，普通家庭數也在增加，英格蘭和威爾斯人口從18世紀的600萬左右上升到19世紀末的3,000萬以上。

1600	1756	1778	1885	1903	1989
英國東印度公司成立。	重新發現混凝土技術。	施洛普郡（Shropshire）建造鐵橋，瓦特改良蒸汽機。	德國卡爾・賓士發明第一輛內燃機驅動汽車。	萊特兄弟駕駛第一架動力飛機。	提姆・柏內茲－李開發了全球資訊網。

蛙跳式技術

除了革命之外，所謂的蛙跳式技術（Leapfrog technologies）無疑是進步的一大指標。全世界有許多地方的繁榮最初歸功於昂貴的基礎建設，例如，鐵路的鐵軌或電力網的線路。缺乏基礎建設之助的地方就無法快速發展。然而，手機將電話帶到廣大的非洲地區。過去，在這區域建立網路是不經濟的。小型太陽能發電廠也做出類似承諾，為過去沒有電網的社區提供電力。因此有人推測，這意味著科技逐漸擴散到世界各地的非中心城市和社區。後續如何發展，還有待觀察，儘管環保人士認為這可能是污染和氣候變遷的一大解方（參見第45章）。

第二次工業革命

　　第二次工業革命，又稱電力或技術革命，見證了人類發展冶金（製造鋼鐵和其他金屬）、利用電力以及開採原油來製造石油和汽油。第二次工業革命是第一次革命的延續，帶給世界汽車和飛機，國際企業和電話。隨著美國、德國崛起成為全球經濟超級大國，這個時代也見證了英國地位的沒落。

第三次工業革命——電腦時代

最近的科技進步，許多經濟學家認為**第三次工業革命**可以追溯到1980年代後期，意即電腦發展帶來的革命，同樣重要的是，網際網路徹底改變了全球通訊和商業樣貌。在21世紀，只要按一下按鈕，就可以將大量資本（財富和資產）從世界一端轉移到另一端。由於寬頻通訊的進步，企業可以將業務的整個部門外包到印度、中國等地，省下數十億美元成本並提高利潤。

如同第一次革命的英國以及第二次革命的美國、德國利用科技躍升發展國力，中國、印度等潛在超級大國則是乘著第三次革命的機會崛起。在2006年之前的十年中，這些國家崛起以及科技革命助長了有紀錄以來最長的世界經濟成長時期。儘管隨後全球經濟陷入嚴重衰退，但大多數經濟學家認為，第三次工業革命將在未來幾十年繼續收穫成果。

雖然技術必定將持續躍升，但有些人質疑，新的網際網路經濟是否稱得上是與以往革命所見一樣的重大變革。儘管最近的變化巨大，但根據西北大學經濟學家羅伯特・戈登（Robert Gordon）的說法，網際網路對人們的生活並不像電力、公共交通、電影、廣播和室內水電管線等早期的創新成果，對人的生活產生如此深遠影響。

「推動資本主義引擎運轉的原動力，來自於新的消費產品、新的生產或運輸方式、新的市場，以及資本主義企業所創造的新的產業組織形式。」

——熊彼得

未來的工業革命

電腦時代可能只是預示未來將有一場人類的自我革命。許多證據指出，最近對人類基因組的解碼可能會導致人類潛能的重大進步。在未來的生物革命中，人類可能很快就能控制自己的基因組成，雖然複製人等行為爭議仍然很大，但有些人認為，可能會帶來人類未來經濟發展的機會。

很少有人能預見電腦革命性的性能提升或網際網路將如何徹底改變世界經濟。可能發生的是，科技進展將使明日的世界變得幾乎認不出來（編按：世界經濟論壇創辦人兼執行主席克勞斯・施瓦布〔Klaus Schwab〕於2015年提出「第四次工業革命」，較前三次革命規模更大、範圍更廣，包括可植入技術、數位化身分、物聯網、3D列印、無人駕駛、人工智慧、機器人、區塊鏈、大數據、智慧城市等23項技術變革）。

一句話說技術革命

科技是經濟發展的燃料。

第 6 部

各種主題的經濟學
ALTERNATIVE ECONOMICS

44 發展經濟學
Development economics

柏林圍牆倒塌和前蘇聯共產主義集團崩潰，無疑是世界經濟成長的一大催化劑。很明顯，前蘇聯的計畫經濟抑制了成長，使數百萬人陷入貧窮，許多人飢寒交迫。現在，隨著前共產主義國家開放自由市場，經濟迅速起飛，雖然有些國家還未跟上，但已有數百萬人富起來了。

然而，這個快樂的故事也有另一面。冷戰的一項副產品是美、蘇雙方別無選擇，只能為世界上比較貧窮的國家（開發中國家或第三世界）買單。因為害怕失去窮國的支持而大筆金援，這意味著美、蘇經常支持腐敗的獨裁者，例如薩伊（已改名剛果民主共和國）前總統蒙博托（Mobutu）或智利前總統皮諾契（Augusto Pinochet），為了爭取其支持，不斷向這些國家投入現金。

一個新世界

隨著鐵幕倒塌，這股金流突然乾涸了。許多以前獲得金援以支持其經濟的國家（即使大部分的錢被吸到獨裁者的瑞士銀行戶頭）又陷入貧窮窘境。並非所有地方都如此，事實上，自嚴格的共產主義或社會主義經濟控制中開放市場，中國和東亞大部分地區發生快速的經濟成長，數百萬人得以擺脫貧窮。情況已經有了變化。

　　全球經濟不再是五分之一有錢、五分之四貧窮的情況。新世界由三個部分組成：五分之一的富裕經濟體；五分之三的新興經濟體正在工業化和快速追趕；還有五分之一個貧窮經濟體。發展經濟學主要關注最後五分之一的困境，或者用保羅·柯利爾（Paul Collier，發展經濟學的開路學者）的話來說，是「最底層的十億人」。

是什麼讓國家富起來？

　　關於為什麼一些國家能夠很輕鬆克服貧窮、有些國家卻仍陷於困境的理論很多。有些人關注國家的氣候和地形，兩者都可能使種植農作物和發展農業變困難；有些人關注其文化習俗，例如對財產權的處理；還有人一再關注政治和社會制度的成敗。某些人認為，一國的財富等方面的情況是出於歷史的偶然；又有人認為這是命運所致。還有一些較不明顯的因素。例如，生物學家和人類學家賈德·戴蒙（Jared Diamond）認為，對某些疾病有抵抗力是發展的必要先決條件，而經濟學家葛瑞里·克拉克（Gregory Clark）則主張，關鍵因素是階級和勤奮中產階級文化或基因傳播到全社會。

19 世紀	1990	2001	2015
工業革命期間，西方的預期壽命大幅增長。	蘇聯解體，促使中國、印度走上富國之路。	聯合國制定千禧年發展目標。	預定實現千禧年發展目標的日期（編按：2016年又提出新目標）。

千禧年發展目標

千禧年發展目標（MDGs）是八項目標的組合，重點是改善生活在發展中國家的人的困境。聯合國於2001年制定這些目標，計畫在2015年實現。然而，在2009年，距離最後期限不到一半，倡議者警告進展太慢了。

- 目標一：消除極端貧窮和飢餓。
- 目標二：實現普及初等教育。
- 目標三：促進性別平等並賦予婦女權力。
- 目標四：降低兒童死亡率。
- 目標五：改善產婦保健。
- 目標六：對抗愛滋病毒／愛滋病、瘧疾等疾病。
- 目標七：確保環境永續。
- 目標八：建立全球發展夥伴關係。

（編按：聯合國2016年提出17項永續發展目標〔SDGs〕以取代MDGs。）

　　無論是哪種理論，事實上在中世紀，現在所謂已開發國家和開發中國家之間的財富差距極小。一個巨大鴻溝拉開了，而鴻溝的中心是非洲。在經濟方面，非洲大陸仍然停留在中世紀。撒哈拉以南非洲大部分地區以自給農業為主，許多地區的死亡率比中世紀歐洲更高。近年來，愛滋病蔓延全非洲大陸加劇了這種情況，以至於世界上前六分之一貧窮人口的平均預期壽命只有50歲，七分之一的兒童在五歲之前夭折。

陷阱

根據柯利爾的說法，貧窮國家可能陷入四大陷阱，有證據指出，這些陷阱非常難克服：

1. **內戰**。這影響了近四分之三的十億最貧窮人口。例如，安哥拉有50萬人喪生，剛果民主共和國自1997年以來幾乎陷入永久性內戰。
2. **資源陷阱**。有大量自然資源（例如石油、黃金或鑽石）的國家，在國內同樣容易遭受攻擊，因為腐敗的領導人有更多機會繼續掌權，並防止現金流向窮人。
3. **國土陷阱**。沒有海上疆界的國家很容易受到鄰國突如其來的傷害，這會遏止貿易，從而危害經濟。
4. **治理不善**。簡而言之，是指當選或強行上台的領導者的領導無方和腐敗。

該怎麼做？

自冷戰以來就有以「使發展中國家擺脫貧窮」為目的的大型機構，包括富裕國家的發展部、世界銀行和聯合國等多邊機構（參見第41章）以及樂施

「在〔冷戰結束〕之前，來自蘇聯的挑戰是，美國最好能合情合理地對待開發中國家，否則它們可能會倒向蘇聯那一邊——美蘇存在競爭。」
　　　　——諾貝爾獎得主、世界銀行前首席經濟學家約瑟夫・史迪格里茲

會（Oxfam），和基督教救助會（Christian Aid）等非政府組織（NGOs）。

隨著時間發展，解決問題的方法有所改變。過去，富裕國家或個人傾向於直接捐款給陷入困境的國家，但獨裁者往往將這些錢中飽私囊，而不是用於醫療和教育。如今，援助機構不是直接將現金用在當地（in the field），即為這筆錢附加條件，指定用於特定項目，從提供家庭蚊帳和教科書，到蓋學校、道路和橋梁。

然而，美國經濟學家威廉‧伊斯特利（William Easterly）提出，社區發展所面臨的問題是：這些捐贈對於協助這些國家從貧窮過渡到工業化，幾乎沒有幫助。中國多年來一直是援助的接受國，但這類援助與其在1990年代以來的驚人成長幾乎毫無關係。

解決非洲國家貧窮問題，有一種方法是允許其與富裕國家進行貿易，而不必為出口產品支付關稅。另一種是允許對進口設置臨時關稅壁壘，以確保其製造業不被中國等地的製造業排擠。

諷刺的是，解決發展危機的部分答案可能在於中國。因為在千禧年之初成功累積了財富，現在這個巨大的亞洲經濟體對於非洲國家的捐款金額，是全世界成長最快的。另一個問題在於，中國的捐款是否真能幫助非洲國家擺脫貧窮陷阱。

一句話說發展經濟學

目的是讓最貧窮的十億人擺脫貧窮。

45 環境經濟學
Environmental economics

經濟與環境密不可分。例如,經濟發展是氣候變遷的主因之一,但它也可能
會變出解方。同樣的,經濟學研究身處全球暖化調查的最前線,而經濟工具
如稅收和監管等,也很可能鼓勵人們未來減少污染。

　　人類的經濟發展與開發地球自然資源齊頭並進,尤其自工業革命以來。
如果不使用煤炭和石油等資源,很難想像西方經濟能在過去幾個世紀以來發
展得這麼快,並創造這麼多的財富和繁榮。

　　然而,發展顯然要付出代價。大量研究表明,燃燒石化燃料與全球暖化
大有關聯。有些人指出,人為的氣候變遷甚至可能導致全球天氣系統更大的
波動,例如導致更嚴重的颶風,像是2005年侵襲美國紐奧良的卡崔娜颶風。
也有人預測,如果全球氣溫持續增加,幾十年內極地冰帽可能融化,會提高
世界各地的海平面,淹沒包括紐約和倫敦在內的大城市。進一步令人擔憂的
後果,甚至還包括橫跨大西洋的墨西哥灣流因此完全消失,某些人認為,可
能還會嚴重破壞北歐和更廣範圍的氣候。

「什麼也不做或延遲行動會帶來的嚴重風險,已有壓倒性的證據。我們
冒著比上世紀兩次世界大戰更大損失的風險。環境問題是全球性的,必
須採取全球範圍內的合作來因應。」
　　　　　　　　　　　　　　　　——英國經濟學家尼古拉斯・斯特恩爵士

環境困境

可能發生的危機將對世界未來的繁榮造成災難性影響，因此我們面臨著一大困境。我們是否應該減少目前的石化燃料消耗，以減輕氣候變遷可能對後代產生的影響，即使這表示近期的成長放緩、貧窮惡化；或是我們應該繼續保持現狀，假設未來世代在科學上更多元、更進步，找到對抗或緩解氣候變遷的方法。

英國經濟學家尼古拉斯・斯特恩爵士（Sir Nicholas Stern）撰寫了有關環境困境的首份報告，與氣候變遷相關的最終代價可能高達全球GDP的20%左右（約6兆美元），而現在應對威脅的花費僅為GDP的1%。

但是我們不應立刻放棄可用的替代選擇。綜觀歷史，技術進步幫助解決明顯難解的環境問題。只要想想：對比於馬爾薩斯所預測的世界末日，最終結果還算讓人滿意，因為市場對於它所面臨到的問題，會制定出解決方案。

例如，在維多利亞時代的倫敦，人們一大恐懼是擔心隨著城市發展以及街道上馬匹的數量大增，英國首都最終會被埋在一堆馬糞裡。當然，由於汽

1992	1997	2005	2007
里約熱內盧地球高峰會呼籲各國政府穩定溫室氣體濃度水準。	《京都議定書》談判達成，各國同意控制碳排放。	歐盟碳排放交易機制開始運作。	西方經濟體同意到2050年將全球二氧化碳排放量減半。

減少碳排放，各界有何對策

1. **生態稅**。對污染大氣的活動進行徵稅，包括對燃料徵稅、對電廠產生的二氧化碳徵稅以及對傾倒有害物質徵稅。

2. **碳交易**。這是經濟學家首選的方法，關乎政府向企業拍賣允許其排放一定量的碳的許可證。如此，這能為二氧化碳排放量定價（碳定價）。凡是製造較多污染的企業，都可以從製造較少污染的企業那裡買許可證，藉此控制總碳排量。這項計畫的問題在於碳交易仍處於起步階段，直到最近仍未獲得歐盟以外的大多數國家接受（編按：2015年底的《巴黎協定》規定應建立國際碳交易市場）。

3. **技術**。從太陽能到電動車等各種綠色科技，都可以減少碳排放。障礙在於，這類技術直到最近還是太貴（比只燃燒煤炭或石油更昂貴）。然而，隨著投資增加，可能變得更便宜。

車誕生（汽車當然也有自身的環境問題），這樣的結果從未發生。同樣，有大量證據表明，無論是氫燃料車、核融合發電機，或是能讓煤炭「乾淨燃燒」的碳捕集設施等新科技，將有助於解決危機，而不會顯著影響目前世代的經濟成長。

最大的外部性

氣候變遷是市場失靈的一個例子。用尼古拉斯·斯特恩爵士的話來說，氣候變遷是世界上最嚴重的市場失靈。在正常運作的市場中，當某樣東西的

供給下降或需求上升時，價格就會上漲，這是亞當・斯密的看不見的手理論的一大關鍵因素（參見第1章）。如果每個人都是自利的，市場就會產出人們想要的東西，以追求更大的利益。

然而，因為新鮮空氣或污染直到2009年都沒有定價，經濟體裡就沒有人對其給予太多關注。沒有人在最嚴格的意義上「擁有」環境，儘管環境當然是由所有人共同擁有。這就是經濟學家所說的外部性。污染的實際隱性成本非常高。如果污染導致颶風、更嚴重的沙漠化和更高的海平面，並摧毀城市及鄉鎮，就會讓人們付出巨大的代價。但直到科學家意識到氣候變遷會引發這些現象，才開始著手計算真正的成本。理論上，應對氣候變遷的代價，應該是人們為了確保自己和孩子將來仍能享有乾淨空氣而願意付出的代價。如果他們準備好忍受污染的空氣及所有相關後果，所謂外部性就不存在。

挑戰

科學家認為，到2050年，為了防止氣候變遷帶來的災難性影響，世界必須將溫室氣體（溫室氣體的說法來源是因為它們會導致熱量被困在地球大氣中，就像溫室裡一樣）排放量減半。他們呼籲採取行動對抗砍伐森林，這是導致全球溫室氣體排放量增加15%至20%的原因。

這目標很難實現，因為不是世界上每個人都認為必須實現這些目標。多年來，美國、澳洲和中國等一再拒絕承諾減少全球碳排放，因為擔心會損及經濟。減少溫室氣體排放，通常伴隨著成長放緩。

此外，中國、巴西和印度等發展中國家也有理由認為，它們不應承擔大幅減少排放的責任。由於氣候變遷在很大程度上是西方國家造成污染的結果，而不是這些新興經濟體，為什麼他們要為別人的爛攤子買單？不幸的

是，正是這些新興經濟體將在未來幾年產生絕大多數的額外污染（編按：截至2022年，中國是世界最大碳排放國，該國已承諾到2060年實現碳中和〔排放量以及減排量實現正負抵消，達到相對零碳排〕）。同樣，最貧窮的國家，尤其是熱帶地區的國家，可能受到氣候變遷的影響最嚴重。

應該承認的是，儘管科學觀點的分量足以表明全球暖化是真實發生，也是人為造成，但有些人仍然對證據持懷疑態度。然而，主流觀點是，什麼也不做的成本（未來潛在的氣候災難）遠大於現在採取行動的成本（限制碳排放和經濟成長）。因此，應該將氣候變遷看成對子孫後代的保險政策。

一句話說環境經濟學
立即行動才能避免可怕的環境成本。

46 行為經濟學
Behavioural economics

經濟學也有阿基里斯之腱。直到最近還有很多人企圖忽視或質疑這項弱點，但它最終要為幾百年來經濟學家犯下的許多明顯錯誤負責。「人是理性的」這個假設是錯的。

經驗表明，人絕不可能一直保持理性。一個肥胖的老菸槍，如果真的理性的話，會了解到他對自己的健康所帶來的危險，進而立即節食並戒菸。如果我們每個人都真正理性，就不會被「買一送一」所影響；會完全依據絕對水準來判斷我們的薪資拿得夠不夠，而不是拿鄰居或太太姐夫的收入來比較。

然而，儘管有這些非理性的常見例子，標準的「新古典」經濟學仍是基於人們擁有無限理性、意志力和自利等能力的概念。這是亞當‧斯密的看不見的手（參見第1章）的理論基礎，該理論假定個人自利、理性的行為集體發生時，總體而言會促進社會的繁榮。經濟學家想像之下的這種典型的理性人通常被稱為**經濟人**（*Homo economicus*）。

然而，在現實中，人們容易有情緒，例如興奮、愛、嫉妒和悲傷等，會使其做出非理性的行為。

「毫無疑問的，下一個研究熱點是行為經濟學，它融合了經濟學和心理學。（它）有望為公共政策提供新視角。」
——哈佛經濟學教授格里高利‧曼昆

行為經濟學興起

　　行為經濟學研究人們為什麼以及如何做出非理性行為，結合了經濟學和心理學，是最新穎且引人入勝的學術研究領域之一。此外，這不僅僅是一個有趣的研究領域，如今還在各種經濟決策中發揮關鍵作用。隨著對思維和大腦如何運作的了解日益發展，行為經濟學家提出更深入的洞察，以理解真正促使人們採取行動的原因。

　　行為經濟學的先驅是心理學家阿莫斯‧特沃斯基（Amos Tversky）和丹尼爾‧康納曼（Daniel Kahneman），兩人在1970年代調整了關於大腦如何處理訊息的理論，並將其與經濟模型進行比較。

　　他們發現，當人們面臨不確定性時，反應往往既不是理性的，也非隨機的，而是以某些可預測的方式因應。通常，他們使用經驗法則這樣的思維捷徑，特沃斯基和康納曼稱之為**捷思法**（heuristics）。例如，被煎鍋燙過的人以後在拿起一個鍋子時會更小心。

1955	1970 年代	1980	1996	2002
諾貝爾獎得主司馬賀質疑人們擁有無限訊息處理能力的假設。	阿莫斯‧特沃斯基和丹尼爾‧康納曼合作，首先嘗試將心理學因素運用在經濟學研究中。	行為經濟學開始影響儲蓄理論。	阿莫斯‧特沃斯基去世。	丹尼爾‧康納曼榮獲諾貝爾經濟學獎。

行為經濟學的五項原則

1. 人們被道德和價值判斷所左右。他們經常做他們認為「正確」的事，而不是會帶來最大利潤的事。

2. 人們會對關乎或無關金錢的情況做出完全不同的判斷。他們會依據市場和社會環境來分辨。然而，對於新古典主義經濟學家來說，無論你給好朋友一本價值20美元的聖誕節禮物書，還是一張20美元的鈔票，這並沒有什麼分別。

3. 人是非理性的金融投資者。人們對近期事件的重視程度比對遙遠事件來得更高，而且也不太會計算機率。同樣的，人們對損失現金的反應也不聰明。因為人有強烈的占有欲，很容易堅持一筆投資不放。

4. 人們經常依循習慣來做事，而不是檢視這行為是否為最優方案。就如俗話所說：舊習難改。

5. 人是經驗的混合體，包括自己和其他人的經驗。人們經常透過觀察他人而非出於自己的個人判斷來行事。

人非理性的證據

即使是相同的命題，也可以藉由改變描述的方式來影響人們做出的決定，這就是所謂的**框架**（framing）。例如，在一篇論文中，特沃斯基和康納曼提出這樣的情景：美國正面臨某種特殊亞洲疾病爆發，預計會導致600人死亡。他們提出了兩個替代行動方案：方案A，預計拯救200人；方案B，有三分之一機率拯救600人，三分之二機率無人獲救。大約72%的受訪者選擇了

方案A，儘管這兩個方案的實際結果是相同的。

　　最近有個例子來自麻省理工學院的行為經濟學家丹・艾瑞利，他要求學生在紙上寫下自己的部分社會安全號碼，然後提出他們願意支付多少錢買一瓶酒。他們準備付的金額取決於自己的社會安全號碼，數字最小的人往往出價最低，而數字較大的人出更高價。這種現象稱為**錨定**（anchoring），就像框架一樣，破壞市場價格是基於供需運作的穩固觀點。

　　行為經濟學的最新發展，就是利用現代核磁共振技術掃描受試者的大腦，並將觀察到的活動與經濟決策連結。**神經經濟學**（neuroeconomics）的一個有趣發現是，當一樣東西的潛在買家向賣家開出侮辱性的價格時，賣家大腦中做出反應的部分與人們遇到令人厭惡的氣味或圖像時所觸發的部分相同。

輕推經濟學

　　因此，人並不總是根據自身利益做出決定。這是非常重要的認知，因為大多數經濟體的結構主要是基於以下假設：例如，經濟學家通常假設人們會終生儲蓄，因為退休時有剩下的錢可用符合自身利益。他們假設人承擔的債務不會比自認為可以合理處理的更多。事實上，根據行為經濟學，我們經常不是出於自身利益，而是出於捷思法而被迫負債。這隱含著人們的決策需要被推往某個特定方向，包括儲蓄、減肥、改善財務狀況，而不是期望他們按照自身心意去做。

　　這導致了所謂的「自由家長制」（libertarian paternalism）或「助推經濟學」（nudge economics）努力將行為經濟學付諸實踐。例如，雖然不該剝奪人們自由選擇的權利，但有些人認為自己應該被輕輕推往一個特定、積極的方向。有個常見的例子是自動將員工納入退休金計畫，但提供退出的選項。另一個

有爭議的想法由英國首相戈登・布朗在2008年提出，是將這種「假定同意」（presumed consent）的想法應用於器官捐贈，預設每個人都願意成為捐贈者，除非另外明確表示。

　　然而，這樣的計畫若落在壞人手中，顯然很危險。政府有責任確保公民免受戰爭、犯罪和貧窮所苦，但也應該保護公民免受自身的非理性所害？這種自由裁量權的界線在哪裡？如果人們在儲蓄或器官捐贈方面做出錯誤決定，他們不也會在投票時做出錯誤決定嗎？

　　儘管存在這類隱憂，但經濟學領域已經被行為經濟學所改變，這些洞察不可逆地破壞了「人類總是出於自身利益理性行事」的假設。事實上，人複雜得多。明日的經濟學任務便是找到方法來整合這兩種模式。

一句話說行為經濟學

可以肯定預測的是：人是非理性的。

47 賽局理論
Game theory

1987年的經典電影《公主新娘》（*The Princess Bride*）中有個場景，改編自威廉·高汀（William Golding）的小說，男主角衛斯理（Westley）與敵人維齊尼（Vizzini）鬥智。衛斯理將兩杯酒放在桌子上，並說其中一杯酒已加入了致命藥粉。他要求維齊尼挑一個杯子。

「但這很簡單，」維齊尼說。他繼續說：

> 我要依據我對你的了解來做。你是那種會把毒藥放進自己酒杯的人，還是敵人的酒杯？現在，聰明的人會把毒藥放進自己酒杯裡，因為知道只有大笨蛋才會伸手去拿他得到的東西。我不是大笨蛋，所以顯然不能選擇你面前的酒。但你一定知道我不是大笨蛋；你會指望它，所以我顯然不能選擇我面前的酒。

最後，維齊尼從自己的杯子裡喝，衛斯理也從自己的杯子裡喝，於是衛斯理警告維齊尼他選錯了。偷偷換過高腳杯的維齊尼只是開心地笑起來。

「不要對別人做你希望他們對你做的事。每個人的品味可能不一樣。」
——蕭伯納（George Bernard Shaw）

碰巧，衛斯理實際上已經兩杯都下了毒，只是自己已經對毒藥有了免疫力，所以維齊尼被毒死了，衛斯理救出公主。從表面上看，這部電影似乎與經濟學沒啥關係。但我們剛才的思考，是賽局理論的一個完美例子。

賽局理論是人類做出策略背後的科學，其研究的是人如何企圖猜測彼此的行為，以及最終的後果是什麼。因此，賽局理論已成為近幾十年來最有影響力的經濟學思想之一。亞當・斯密在18世紀提出人性天生自利，但當這種自利透過市場的引導，最終結果將是使社會變得更好。相較之下，賽局理論研究的是人們的自利如何影響彼此議價的方式。

囚徒困境

賽局理論有個經典模型：假設有一座監獄，兩個共犯在監獄中分別接受偵訊。他們有兩種選擇：不是認罪，就是保持沉默。如果一個認罪，而他的同夥保持沉默，認罪者將完全無罪釋放，而他的同夥將坐十年牢。如果兩人都保持沉默，他們將各自被關一年。如果兩人都認罪，則都將被關五年。

數學表明，對兩人來說最明智的選擇是保持沉默。然而，賽局理論的準

1944	1950	1960	1982	1994
約翰・馮・紐曼和奧斯卡・摩根斯坦的《博弈論和經濟行為》（*The Theory of Games and Economic Behavior*）出版。	囚徒困境模型形成；約翰・納許提出了納許均衡理論。	湯瑪斯・謝林的《衝突策略》出版。	約翰・梅納德・史密斯出版《進化論和博弈論》（*Evolution and the Theory of Games*）。	納許獲得諾貝爾經濟學獎。

大銀幕裡的賽局理論

賽局理論在2001年獲得奧斯卡獎的電影《美麗境界》（*A Beautiful Mind*）中出現時，難能可貴的擄獲一般觀眾的青睞。羅素‧克洛（Russell Crowe）飾演一位最早期的賽局理論家兼數學家約翰‧納許（John Nash），他在職涯的大部分時間裡都苦於妄想型思覺失調症，之後於1994年獲得諾貝爾經濟學獎。然而，納許的成就並非在設計賽局理論，而在於提煉和應用。該理論的最早期先驅是普林斯頓大學數學家約翰‧馮‧紐曼（John von Neumann）。納許設計的「納許均衡」描寫了這種情況：賽局中的兩個參與者都知道對手的策略是什麼，但不確定對手是否會改變心意，然而每個人都會選擇維持相同的策略。

則之一是，個人的自私自利意味著他們總是會互相背叛，出於避免最長牢獄之災的動機，加上無罪釋放的機會，比押注在保持沉默而被同夥背叛更有說服力。關鍵是，在某些情況下，最好的決定並不總是那麼明顯。

但是，如果囚徒困境重複一次又一次呢？在這種情況下，如果囚犯知道遊戲的變數，就會知道合作比背叛更有利。同樣，當用這種困境做實驗時，偶爾會凸顯人們有選擇保持沉默的利他選項的傾向。

賽局理論另一個例子可見於詹姆斯‧狄恩（James Dean）的經典電影《養子不教誰之過》（*Rebel Without a Cause*），主角在一場「小雞遊戲」（game of "chicken"）中與對手比膽量，將賽車開向懸崖，先跳出飛馳汽車的人就是輸家。儘管他們都為自己尋求最好的結果，但冒著最糟糕的風險 —— 就是喪命。

猜測的藝術

然而，賽局理論的研究範圍比這些例子說的要廣泛得多。賽局理論研究了人類在任何「類賽局」（game-like）場景中的行為方式，而非與策略無關的場景。這些場景的共同點是，參與者的行為總是會影響賽局結果，不僅影響自己，還影響其他人。這包括零和遊戲（zero-sum game），意即每個參與者彼此有利益衝突，一個人獲勝，就有另一個人損失，還有雙贏（win-win）結果的賽局。

賽局理論的關鍵在於，在這種情況下，人們必須猜測（second-guess）另一個理性、自私自利的人的意圖。由於人的互動普遍會用上策略性的相互依賴（strategic interdependence），賽局理論在政治、經濟和商業等領域已成為一門極具影響力、常被應用的學科。銀行家在處理收購事務時用得上；雇主和工會在處理勞資糾紛時用得上；政治家在國際貿易談判時用得上；還有最具爭議的是，在考慮是否動用武力時也用得上；公司為產品定價、銷售贏過競爭者時也用得上。

賽局與軍備戰爭

賽局理論一項最早也最具爭議的用途是在冷戰期間。蘇聯和美國都擁有能夠造成對方國家巨大破壞的核武；雙方都知道，開火將導致互相保證毀滅（mutually assured destruction）；換句話說，另一方會以核彈頭回敬。事實上，哲學家伯特蘭・羅素（Bertrand Russell）將美蘇僵局比作一場小雞遊戲。

湯瑪斯・謝林（Thomas Schelling）在1960年的經典著作《衝突策略》（*The Strategy of Conflict*）中，探討了賽局理論如何促動蘇聯和美國相互回應。

有個引人注目的結論是，面臨僵局的國家更傾向保護武器，而不是人民。理由是，一個自信能承受核戰後果的國家最有可能發動核戰。因此，謝林說，與其為每個人建造避難所，不如在對手朝你發射彈頭時，展示你有武力反擊的能力。這些見解影響了冷戰中美蘇應用「邊緣策略」（brinkmanship，幾乎要發動戰爭的情況）的方式，例如，驅使美蘇將彈頭設置於潛艇中，而不只是靜止的陸地基地。在這種情況下，問題在於雙方都不知道對方有多少飛彈，也不知道位置或目標，但這種不確定性只會使僵局持續下去。

是科學還是藝術

有個經典的賽局理論實驗大多數人都玩過，就是西洋棋。每當我們擬定遊戲策略時，都會根據對對手的預期做出決定。然而，在遊戲的任何一個階段，可能的棋步數幾乎是無限大，因此只能考慮前幾步棋，並靠經驗和直覺來彌補其他棋步。

賽局理論仍然是經濟學中發展最快的領域之一，也日益有助於揭開人類行為的基本事實。然而，用普林斯頓大學教授艾維納許・迪克西特（Avinash Dixit）的話來說：「理論還很不完整，在許多方面，成功策略的設計仍然是一門藝術。」

一句話說賽局理論
人在賽局裡的行為有所不同。

48 犯罪經濟學
Criminomics

當經濟學從會議室轉移到臥室時會發生什麼事？當用經濟學檢查罪犯而不是企業時會如何？若把經濟學工具轉而用來研究從黑市到家庭生活的所有事物時，又會發生什麼情況？從供需法則到賽局理論的經濟理論工具，如此強大又普遍適用，其實可以用來解決各類看來不相關的問題。

有個貝果的比喻，是史蒂文‧李維特（Steven Levitt）和史蒂芬‧杜伯納（Stephen Dubner）在2005年出版的《蘋果橘子經濟學》（*Freakonomics*）一書中（基於經濟學教授李維特的研究）提出的諸多案例之一。事情是這樣的：按時送貝果給訂購貝果公司的老闆決定，與其乾等各個客戶慢慢付款，不如在送貨時留個收款箱和一張紙條，讓客戶自動付款。令人欣慰的是，這個榮譽制度頗具成效。而且，更有趣的是，這個故事還挖掘出一些吸引人的傾向：例如，在較小的辦公室、天氣好時以及假期即將來臨時，人們會誠實付款。

這本書對現代社會最有爭議的一些問題，例如墮胎和種族，提出了非傳統的結論。此外，還揭開三K黨和房地產仲介之間驚人的連結，以及揭露芝加哥的老師和相撲選手的作弊習慣。

「犯罪數量不僅取決於潛在罪犯的理性和偏好，還關乎公共政策所創造的經濟和社會環境，包括警政支出、對不同犯罪的懲罰、就業機會、受教育機會和職訓計畫。」

——蓋瑞‧貝克

然而，**關鍵**是，即使最另類、與市場無關的狀況，也適用經濟學的基本原則，包括供需法則、看不見的手、誘因或任何經濟學著名法則。畢竟，經濟學研究的是人類的決策，不必非得在金錢相關的情境才能發揮作用。

總之，李維特和杜伯納的書大受歡迎，並在隨後幾年引來許多人模仿，但並不代表這是受專業訓練的經濟學家首度將經濟學原則應用於一般日常生活。這種方法的真正先驅是芝加哥大學的經濟學家蓋瑞‧貝克（Gary Becker），他在1992年獲得諾貝爾獎。蓋瑞‧貝克表示，從罪犯到種族主義者、從家庭到吸毒者，每個人都在某種程度上受經濟力量左右，例如理性決策和誘因。

違規犯法，也是理性選擇？

貝克的理論及論點的核心在於以下觀點：所有事務幾乎都伴隨某種成本，即使是社會或情感成本，而非明確的金錢數字。例如，貝克有個想法是，歧視少數族群的人，如果與少數族群往來，往往會在心理上增加交易成本。

1776	1992	2003	2005
亞當‧斯密《國富論》出版。	蓋瑞‧貝克獲得諾貝爾經濟學獎。	史蒂文‧李維特獲得約翰貝茨克拉克獎章。	《蘋果橘子經濟學》出版。

為人父母是利他主義還是投資？

父母經常以明顯的利他主義對待他們的孩子。儘管孩子在大部分童年時間裡生來都是自私的，但父母給孩子很多關心和禮物，卻很少換來直接回報。雖然許多人認為這只是一種家人的愛的表現，但貝克卻持不同觀點。他提出，父母全心的愛反而是間接投資自己晚年的另一種手段。他認為，投資孩子的報酬率超過了定期存退休金，因為一個成功、有錢的孩子可能會在父母需要時照顧他們。

　　有一次，貝克不得不在違停或到好幾條街外的指定停車場（要付出額外時間和精力）之間做選擇，他選了違停，認為被抓到和罰款的風險低於不得不開到更遠的停車場、還要走回原地所要出的力。他靈光一閃，總結說，罪犯在決定是否犯法時也做了類似判斷。

　　這個結論對政界人士管理司法系統帶來重要影響，因為其支持更嚴格罰款和處罰的觀點。罰得越重，被抓的成本就越高，嚇阻力道也越大。貝克因這種洞見榮獲諾貝爾獎。

　　幾年後，李維特證明了這個理論，比較美國各州的青少年犯罪率，並比較青少年與成年人犯罪率。他發現，當青少年罪犯成年後，要受到成年罪犯的更嚴厲刑責，他們的犯罪頻率就會減少。

　　事實上，《親愛的臥底經濟學家》（*Dear Undercover Economist*）作者提姆·哈福特（Tim Harford）在搭貝克的車去一家餐廳時親眼目睹，這位諾貝爾獎得主將車停在一個時間限制30分鐘的車位，停車遠遠超過時限。由於車位不

是常被臨檢，想到停車的便利，他認為值得冒被抓到的風險。

　　貝克說他一直都這樣做，雖然偶爾會被罰款，但很少阻止得了他停在那裡。他只是靠理性行事。

社會應用

　　經濟學當然不僅僅適用於犯罪情況。例如，哈福特已經說明，參加快速約會的人傾向於提高或降低對想找到的另一半條件的期待，不是基於自己原先想的條件，而是隨他們遇到對象而變動。無論對象有沒有吸引力，選到的人數往往保持不變。從本質上講，這是錨定教我們的事，錨定是行為經濟學的規則之一（參見第46章）。

　　李維特用經濟理論證明，孩子的成長與其說是由教養方式決定，不如說是由父母經濟和種族背景而定。他有個有名的論點，美國犯罪率在1990年代下降的原因是70年代墮胎合法化，意即貧窮地區的家庭生育不再失控。

　　「總體經濟學並不與真正的人類行為有關，」李維特說：

　　經濟學是一套觀察世界的廣泛工具。但因為經濟學不擔心公平、道德或心理因素之類的事情，會指引你制定荒謬的政策。
　　依照經濟學的觀點，對於違規停車在殘障車位，正確罰則應該是極

「既然經濟學主要是一套工具，而不是一個主題，那麼任何主題，無論多麼另類，都不超出經濟學的範圍。」

——史蒂文·李維特

低頻率的處死或酷刑，我認為這是完全合理的。

　　儘管經濟理論在日常生活中的適用性仍有局限，但政策制定者也應明確知道，經濟學並不是觀察世界的完美架構。然而，經濟學是確定如何影響人、預測人的行為的最佳方法。這同樣適用於我們犯下的小錯、財務麻煩和困難。這是亞當‧斯密會衷心贊同的結論。

一句話說犯罪經濟學
經濟學可適用於一切事物。

49 幸福經濟學
Happynomics

在1970年代，喜馬拉雅小國不丹的經濟狀況被嚴加檢視。從GDP、國民所得、就業等大多數指標來看，不丹成長緩慢。所以不丹國王做了一件非比尋常的事。他下令，從那時起，不丹的進步將不再以這些傳統經濟標準來衡量，而是以國民幸福指數（Gross National Happiness，簡稱GNH）來衡量。

對於外界的批評，這似乎是一種不尋常的回應，但國王突然有了一個想法，這想法發展成為一項重要且越來越受重視的研究 —— 幸福經濟學。這是與我們大多數人都相關的主題。無論國家或個人，幾乎所有人都比過往任何時候都更富有、更健康。然而，這種財富伴隨著不滿情緒的出現。在過去五十年，富裕國家的人越來越不幸福。

追求幸福

傳統經濟學對此並未提出令人滿意的解釋。自亞當・斯密以來，財富一直被認為是衡量國家進步的關鍵。出於這個原因，以及貨幣很容易衡量的事實，經濟學家傾向於關注GDP、失業率和其他社會指標，如預期壽命和不平等。但是，直到最近，有鑑於自古以來哲學家對滿足感的重視程度，將幸福納入考量並不令人意外。

事實上，一國的進步應該以其幸福來衡量，這種想法實際上並不是從不丹開始的。1776年，湯瑪斯・哲斐遜（Thomas Jefferson）提出，美國人不僅應享有生命和自由，還有「追求幸福」的權利。19世紀功利主義哲學的發明者傑瑞米・邊沁（Jeremy Bentham）說，人類應該為「最大多數人的最大幸福」而奮鬥。

追求幸福似乎在不丹獲得一定的成果。自從採用國民幸福指數以來，即使以傳統的經濟指標衡量，該國也以驚人速度成長。2007年，不丹是世界上成長第二快的經濟體，同時一直在設法提高其國民幸福指數。為了維持人們的滿足感，不丹已經頒布法令，60%的土地應繼續種植森林，而顯然破壞幸福感的旅遊業年年都受限制。錢從富人口袋重分配給窮人，以助於消除大規模貧窮。

衡量幸福感

讓不丹更幸福的努力成果似乎很豐碩。根據2005年一項調查，只有3%的人表示不快樂，而幾乎有一半的人表示他們非常快樂。但這樣的調查往往模糊又缺乏說服力，並且難以進行實證比較。幸福遠比財富水準或預期壽命

1776	1780	1972	2006
美國獨立宣言主張人有「生命、自由和追求幸福」的權利。	傑瑞米・邊沁提出「最大多數人的最大幸福」原則。	不丹開始制定國民幸福指數。	在泰國發生軍事政變後，新任總理素拉育・朱拉暖建立了類似的指數。

更難衡量，正是這一點使經濟學忽視了它。然而，大腦掃描科技有了最新進展，有助於神經科學家確定中樞神經系統中哪個部分最受幸福的刺激，這些發現為幸福的測量添上了科學可信度。

　　近幾十年來，經濟學家和心理學家首度開始在長期研究中具體衡量人們的幸福感。結論是，雖然一個人的幸福感隨著從貧窮到富有而增加，但隨著遠離貧窮線，滿足程度開始下降。根據鑽研幸福經濟學的英國經濟學家理查・萊亞德（Richard Layard）的說法，一旦一國平均薪資超過2萬美元，收入的增加就不再提升人們的幸福感，且滿足程度逐漸下降。以經濟學用語來表述，即是超過某個極限，幸福的報酬就會遞減。

　　這就是這項研究的先驅之一理查德・伊斯特林（Richard Easterlin）所說的「享樂循環」（hedonic cycle，來自古希臘文的快樂）：一旦你變有錢，很快就會習慣，很快就會視這樣的生活標準為理所當然。此外，行為經濟學領域的研究（參見第46章）指出，某個人的基本需求一旦得到滿足，就會開始衡量自己的滿足感，不是以絕對財富或成就為依據，而是與他人比較。有句老話，薪水比太太的姐夫高，就心滿意足了，這在心理學上確有根據。這些發現表明，全天新聞播報和追星文化的流行，以及不斷宣傳有錢人、美女和名人的生活方式，可能會進一步削弱人們的滿足感。

「國民幸福指數的思想體系將不丹的發展目標與追求幸福連結在一起，意即這種思想體系反映了不丹對人類生活目的的願景是以發揚個人本性為中心。」
　　　　　　　　　——不丹前內閣大臣達所・梅格拉吉・格朗（Dasho Meghraj Gurung）

需求層次理論

如果人們要過得幸福，某些基本的人類需求應該獲得滿足。需求的範圍從生理（身體功能正常運作）和安全（住所、就業、健康）到愛、尊重和道德層面。心理學家亞伯拉罕・馬斯洛（Abraham Maslow）1943年的論文中提出需求層次理論，作為人類滿足因素的基礎。幸福經濟學家發現，一旦最基本的生理和安全需求獲得滿足，幸福感往往會遞減。

金錢不是一切

　　英國、澳洲、中國和泰國等國部長，都致力於制定國際間可比較的國民總體福祉衡量標準。雖然有些傳統經濟學家嘲笑這種目標，但假設目前衡量一國進步的指標具權威性，那就錯了。新經濟基金會（New Economics Foundation）設計了快樂星球指數（Happy Planet Index）為獨立衡量標準，結合了一國的生活滿意度、預期壽命和人均生態足跡。據此，2006年世界上得分最高的國家是太平洋島嶼萬那杜，其次是哥倫比亞和哥斯大黎加，而蒲隆地、史瓦帝尼和辛巴威最差。世界上大多數的富有國家，包括美國和英國，都名列榜單的前半。

　　幸福經濟學日益影響已開發國家制定政策的方式。例如，有人建議，對高收入者徵收更高稅賦，將能讓整個社會更幸福，因為可以降低國家的嫉妒水準。還有個想法是，企業應該限制基於績效給薪的程度。萊亞德建議，大

規模為全部人口的認知行為治療項目提供資金。儘管這些想法仍有爭議，但在英美迅速獲得關注，因為政客們正在尋找鼓舞冷漠選民的方法。

　　幸福經濟學的發展引發了溫和的反對聲浪。有些心理學家認為，不滿和嫉妒有益於人們改善自己。追求國家的幸福在道德上是否完全合理也是個問題。1990年，不丹將十萬外來族裔驅逐出境。據報導，此舉提高了國民幸福感，但代價是破壞人權紀錄。財富顯然不是一切，但幸福也不是。

一句話說幸福經濟學

經濟學不單只和金錢有關。

50 21世紀的經濟學
21st-century economics

經濟學家因未能預見金融危機、又沒能捕捉到股市突然崩盤的線索而飽受嘲諷。但是現在，在千禧年的最初幾年，對經濟學的基礎提出了更基本的問題，而這些問題是難以忽略的。

頭一個問題，首先由凱因斯和傅利曼所制定的主要經濟學準則，在20世紀一再受到威脅，應用結果往往不盡如人意。

其次是更根本的失敗。自從經濟學最早出現以來，幾乎是基於人類行為理性的觀念：人們行事總是出於自己的利益，在完全有效運作的市場中，自利的行為將使社會變得更好（參見第1章）。

然而，這並不能解釋為什麼人們經常做出表面上不符自己利益的決定。讓自己早點進入墳墓並不符合任何人的自身利益，但儘管人們普遍了解肺癌和肥胖的危險，仍然吸菸和吃高脂肪食物。針對氣候變遷和人為污染也有類似的論點。

1776	1930 年代	1980 年代初期	1990 年代	2000 年代
亞當・斯密《國富論》出版。	大蕭條後凱因斯主義政策逐步盛行。	雷根和柴契爾推行貨幣學派思想。	行為經濟學越來越受歡迎。	一種新的經濟學組合開始受青睞。

房貸失靈

傳統經濟學假設，不論過程多複雜，人們可以為了他們的利益，熟練地挑選最好的產品。如今這個假設已被證明是有缺陷的。本世紀初，房地產市場相當繁榮（低利房貸充斥），許多不太富裕的家庭因此簽了房貸，他們沒有意識到，之後房貸市場會失控。在享受幾年的低利率後，應還款額便突然暴增到他們難以承受的水準。傳統經濟學家沒有預見到房貸失控的後果，隨後爆發的金融危機，部分原因是經濟學界未意識到人們當初顯然做了非理性的決定。最終甚至導致他們失去家園。

　　行為經濟學（參見第46章）等新學門表明，很多時候人們做決定的依據不是什麼對自己最有利，而是所謂的捷思法，意即從自身經驗中得出的經驗法則，或是複製別人的經驗。

一種挑選和組合的方法

　　基於人們並不總是理性行事，未來監管機構可能會採取更家長式的作風。例如更嚴格地監管抵押貸款市場，好讓消費者不太容易做出違背其最佳長期利益的選擇。

　　經濟學正在進化，從一門幾乎無限相信市場有能力決定結果的學科，發展為質疑市場是否總是能得出首選結果的學科。就像現代小說從各種不同的風格中挑選，而不是局限於單一論述方式，21世紀的經濟學將廣泛地從凱因斯主義、貨幣學派、理性市場理論和行為經濟學中挑選，提出一種新組合。

一句話說21世紀經濟學

在人們不理性時，需要介入導正。

詞彙表

Absolute advantage 絕對優勢

一個國家可以比另一國更有效生產某種東西，換句話說，支出更少的費用和努力。

Aggregate 總合

「total」（總計）的同義詞。指一個總計數字，例如，國內生產毛額（GDP）或公司年度總銷售額。

Automatic stabilizers 自動穩定器

政府以收支的擴張或收縮來調節經濟的繁榮和蕭條。

Bank run 銀行擠兌

恐慌的客戶同時都從銀行中提領儲蓄，通常會導致銀行倒閉。

Bear market 熊市

股市持續下跌時，導致普遍悲觀情緒和成長曲線向下。

Bond 債券

一個國家、州或公司發行的債權證明。

Bull market 牛市

當投資者有信心時，會導致普遍樂觀和成長曲線向上。

Capital 資本

錢或實物資產，用於產生收入。

Capitalism 資本主義

資本為私人及公司所有的經濟體系。

Capital controls 資本管制

國家對允許進出該國的資本數量施加限制。

Capital markets 資本市場

股票和債券發行和交易的市場的廣義用語。

Central bank 中央銀行

一國主要的貨幣主管當局。中央銀行發行本國貨幣並調節信貸供應，尤其是透過利率控制。

Communism 共產主義

馬克思主義認為，一個由人民（或者更確切地說是政府）擁有經濟體中的生產工具的社會將取代資本主義社會。

Credit 信貸，信用

債務的體面說法；承諾在未來向某人支付今天所借的錢。

Credit crunch 信貸緊縮，信用緊縮

發生金融危機使銀行不願或無法放貸，導致經濟體中的其他部分蒙受損失。

Default 債務違約

個人、機構或國家未能償還其債務。

Deficit 赤字

帳戶出現短缺，包括政府的預算赤字或是整個國家的經常帳赤字。

Deflation 通貨緊縮

經濟中物價平均而言下降、而非上升的情況。

Demand 需求

人們願意且能夠以特定價格購買的商品或服務的總量。通常,隨著價格上漲,人們對商品的需求會減少。

Depression 蕭條

嚴重的衰退。通常定義為GDP萎縮10%,或持續三年甚至更長時間的衰退。

Employment rate 就業率

有就業的勞動力的百分比。

Equilibrium price 均衡價格

商品供給與需求相配的價格。

Exports 出口

在國內生產再銷往國外的商品和服務。

Fiscal policy 財政政策

政府決定把錢花在哪裡、如何提高稅收以及舉債多少。

Gold standard 金本位制

一種國際制度,在該制度中,各國貨幣價格相對於黃金價格是固定的。

Hedge funds 避險基金,對沖基金

一種可以押注公司價值下降或上升的投資媒介,還運用許多更複雜的交易策略。

Hyperinflation 惡性通貨膨脹

通貨膨脹失控。這種極具破壞性的現象最惡名昭彰的有1920年代的德國和2000年代的辛巴威。

IMF 國際貨幣基金

一個國際組織,負責監測全球經濟和拯救面臨資金危機的國家。

Imports 進口

從海外購買的商品和服務。

Inflation 通貨膨脹

整個經濟體中商品價格上漲的比率。

Interest 利息

一個人希望從投資中收回的金額,以百分比表示。相對的可以是一個人因借款而被收取的金額。

Laissez-faire 自由放任

來自法國的「讓(他們)做(他們選擇)」;政府盡可能地讓市場自行決定。

Liquidity 流動性

衡量一個人用資產(例如一幢房子、一個金條或一包菸)換取金錢或其他類型貨幣的難易程度。

Macroeconomics 總體經濟學

研究政府和國際經濟學:用更宏觀的角度研究整個經濟體是如何運作和表現,意即GDP、物價或失業是由什麼所推動。

Marginal 邊際

與產品的平均成本相比,購買或出售多出來的單位所產生的差異。

Market 市場

買賣雙方(通常以虛擬方式)會面以交易商品和服務。

Microeconomics 個體經濟學

研究經濟中的具體細節:是什麼讓人們做出某些決定,公司如何獲利等等。

Monetary policy 貨幣政策

政府或中央銀行（通常是央行）做出的關於調節在經濟體流動的貨幣數量和價格的決定。

Money 貨幣

通常用於購買商品和償還債務的資產。貨幣是交換媒介、記帳單位和價值儲存的手段。

Money markets 貨幣市場

短期貸款（從幾小時到一年不等）交易商和投資者的網絡。

Money supply 貨幣供應量

某個經濟體周圍流動的貨幣量。

Monopoly 壟斷

市場上某個賣家對某一特定產品的獨家控制權。

Negative equity 負資產

某個人的資產（通常是房屋）價值大幅下跌，以至於價值低於為其提供資金的抵押或貸款。

Privatization 民營化

以前為政府所擁有的公司或機構被出售（移交）給一個私人擁有的實體。

Productivity 生產力

與工作量（以工作時間或勞工數量計）相比產生的經濟產出量。

Quantitative easing 量化寬鬆

央行在升息不再起作用時採用的方法，正如1990年代的日本和2000年代大部分西方國家經歷過的。央行透過公開市場操作，從商業銀行等金融機構購入國債、房貸

債券等證券，為銀行體系注入新的流動性。量化寬鬆試圖影響經濟中貨幣的數量而不是價格，效果猶如間接增印鈔票。

Recession 衰退

一國經濟財富的下降：當GDP連續兩個季度萎縮而非成長。

Securities 證券

承認某個人的資產股份的金融契約：包括從債券、股票到複雜衍生性金融商品等。

Shares 股票

也稱為equities（權益）。股票是公司的所有權單位。股票使持有者有權獲得股息，並有權對公司的營運計畫進行投票。

Stagflation 停滯性通膨

高通貨膨脹伴隨著經濟成長停滯的情況。

Subsidy 補貼

某個人（通常是政府）提供一筆現金，用於支持特定的企業或產業。補貼經常被斥責為保護主義的一種形式。

Supply 供給

可以以特定價格購買的商品或服務的總量。供給連同需求，就是市場經濟的動力。

Tariff 關稅

政府對從海外進口的商品徵收的費用。

Zero-sum game 零和遊戲

贏家的收益等於輸家的損失。零和遊戲與雙方都可以在一定程度上獲利的正和遊戲（positive-sum games）形成鮮明對比。

國家圖書館出版品預行編目(CIP)資料

一本書讀懂經濟學 / 艾德.康威 (Ed Conway) 著 ; 林雲譯. -- 初版. --
臺北市 : 城邦文化事業股份有限公司商業周刊, 2022.08
　面;　　公分
譯自 : 50 economics ideas : you really need to know.
ISBN 978-626-7099-79-7(平裝)

1.CST: 經濟學

550   111012504

一本書讀懂經濟學

作者	艾德‧康威 ED CONWAY
譯者	林雲
商周集團執行長	郭奕伶
商業周刊出版部	
責任編輯	林雲
封面設計	Bert
內文排版	林婕瀅
協力編輯	游重光
校對	呂佳真
出版發行	城邦文化事業股份有限公司 商業周刊
地址	115020 台北市南港區昆陽街16號6樓
	電話：(02)2505-6789　傳真：(02)2503-6399
讀者服務專線	(02)2510-8888
商周集團網站服務信箱	mailbox@bwnet.com.tw
劃撥帳號	50003033
戶名	英屬蓋曼群島商家庭傳媒股份有限公司城邦分公司
網站	www.businessweekly.com.tw
香港發行所	城邦（香港）出版集團有限公司
	香港灣仔駱克道193號東超商業中心1樓
	電話：(852)2508-6231　傳真：(852)2578-9337
	E-mail：hkcite@biznetvigator.com
製版印刷	中原造像股份有限公司
總經銷	聯合發行股份有限公司 電話：(02)2917-8022
初版1刷	2022年8月
初版12.5刷	2024年7月
定價	360元
ISBN	978-626-7099-79-7（平裝）
EISBN	9786267099803（EPUB）／9786267099810（PDF）

藍學堂

學習 · 奇趣 · 輕鬆讀